JN086357

新しい教育原理
〔新版〕

広岡義之
［監修］

広岡義之／熊田凡子
［編著］

ミネルヴァ書房

監修者のことば

　21世紀に入って，すでに四半世紀が過ぎようとしています。すべての子ども
たちにとって希望に満ちた新世紀を迎えることができたのかと問われれば，お
そらく，否と言わざるを得ないでしょう。かえりみてエレン・ケイは1900年に
『児童の世紀』を著し，「次の世紀は児童の世紀になる」と宣言して，大人中心
の教育から子ども中心の教育へ移行することの重要性を唱えました。それから
120年以上経過した現在，はたして真の「子どもの世紀」を迎えることができ
たでしょうか。今一度，乳幼児と子どもの保育と教育を問い直し，いったい何
が実現・改善され，何が不備なままか，あるいは何が劣化しているかが真摯に
問われなければなりません。

　このような状況のもとで，教育および保育の学びのテキストを刊行できるこ
とは喜ばしいかぎりです。本書では，教職や保育職を真剣に目指す学生のため
に，基本的な理論はもとより，最新の知見も網羅しつつ，新しい時代の教育・
保育のあるべき姿を懸命に模索しようとしています。

　執筆者は卓越した研究者，実践者で構成されています。初学者向けの教科
書・入門的概論書として，平易な文章で，コンパクトに，しかも教育的本質の
核心を浮き彫りにするよう努めました。監修者と教育的価値観をともにする編
者の幹から枝分かれして，各専門分野のすばらしい執筆者が集い，実践に役立
つだけではなく本質についても深く考察した内容が，きめ細かく解説されてい
ます。

　本書がみなさんに的確な方向性を与えてくれる書となることを，心から願っ
ています。

2024年3月

広岡　義之

はじめに

　現代社会の教育問題を一瞥すれば，不登校，いじめ，体罰をはじめ，教員不足問題，教員の労働環境の改善等の課題が挙げられます。近年では，食育基本法の制定，教育基本法の改正，幼保一元化や認定こども園，特別支援教育の充実，道徳の教科化等がありました。また2023年4月には内閣府の外局として「こども家庭庁」が設置されました。このように多種多様な課題が私たちをとりまく状況のなかで，これから教師を目指そうというみなさんには，どうして「教育学」「教職課程」を学ばなければならないのだろうかということを熟考してほしいと思います。たんに教員の免許を取得するためだけなのでしょうか。そうではないでしょう。

　なぜ今，教育学を学ぶのでしょうか？　それは上述したような複雑に問題が交錯する教育現場に教師として飛び込んでゆくときに，どのような心がまえで目の前の一人の子どもと関わればよいのか，具体的な教育現実に立ち向かえばよいのかという，教師としての考え方を構築する能力を養成するためではないでしょうか。本書では，教師は子どもたちにとってどういう存在であるべきかという問いを我が事，自分の問題として考えていきたいと思います。

　そのためにも大学でしっかりと教育学全般の学問を学び，精進してもらいたいと願っています。自分が強くなることと同時に，他人の痛みがわかる，やさしくて，しなやかな感性を，この大学時代に真剣に育んでいただきたいと切に願っています。

　近年はインターネット環境の発展により，瞬間的に素早く，しかもリアルな画像を通して様々に情報を得ることができます。教育環境においても同様で，とても便利に活用することができます。しかし，直接経験が減り五感が育ちにくくなっている点は課題です。「教育は人なり」，教育は人と人との出会いによって始まります。人と人，人と物とのつながりを直接感じ合う中で，人として成長していきます。教育学を学んで，人や社会を，過去・現在・未来とつなげ

て深く見つめる姿勢が身につくことを期待しています。

　本書では多くの教育学関連の資料や文献を参照し援用させていただきました。そのことに対して関連の著者の先生方に，この場をお借りして御礼申し上げます。テキストという性質上，本文中での詳細な註は省略せざるをえませんでしたが，各章末には参考文献として列挙させていただきました。さらに深く教育学を研究したい方々は，それらの参考文献を糸口としてさらなる著作物に眼を通すことによって，より深く広い知見が獲得できることでしょう。

　最後に，出版にあたってはミネルヴァ書房編集部の深井大輔氏にたいへんお世話になりました。こうした地味な学術書の出版が容易でない時代であるにもかかわらず，快く本書の出版を引き受けてくださったご厚意に感謝し，この場をお借りして心からお礼を申しあげます。

　現代社会における教育状況を一瞥しつつ，そこから今後の教育研究の重要性を自覚するなかで，筆者はさらなる自己研鑽に取り組むつもりです。顧みてなお意に満たない箇所も多々気づきますが，これを機会に十分な反省を踏まえつつ，大方のご批判，ご叱正，ご教示を賜り，さらにこの方面でのいっそうの精進に努める所存です。

　2024年3月

編著者　広岡義之　熊田凡子

新しい教育原理［新版］　**目　次**

監修者のことば

はじめに

第**1**章

教育の基本原理

1　人間形成と教育の本質

（1）人間と教育

　ギリシア時代，すでにプラトン（Platon, BC427-BC347）は遺著『ノモイ（法習）』において，「人間は正しい教育を受け，幸運な資質にめぐまれればこの上もなく神的な温順な動物となるが，十分な教育を受けず，美しく育てられなければ地上で最も狂暴な動物となる」と言い切っている。また近世教育学の父であるコメニウス（J. A. Comenius）は『大教授学』のなかで「人間は教育によってのみ人間となる」とも述べた。カント（I. Kant）に強い影響を与えたと言われるルソーも，教育的主著の冒頭で「植物は培養によって成長し，人間は教育によって人間となる」と指摘している。さらにカントは『教育学講義』の冒頭で「人間は教育されなければならない唯一の生物である」と，またその後段では「人間は教育によってのみ人間となることができる」とも語っている。現代の教育学者ランゲフェルト（M. J. Langeveld）もまた，「人間とは教育を必要とする生物である」と説いた。

　カントによれば，他の生物と異なり人間だけが教育される必要のある唯一の生物であるという。それは，教育を受けずにただ一定の時間が経過すれば，自ら人間になることは不可能であるということを意味する。動物は，一言でいえば「刺激と反応」で結合された自動的な存在で，その生活は本能的であり，しかもその本能はなんらの準備も必要とせずに獲得される。その本能は同種の動物の生活を同様に決定づけるが，その活動様式は全く限定的であり固定されたものである。ところが哺乳動物である人間も同じ本能を持つ動物ではあるも

I

図1-1　カント

図1-2　ソクラテス

のの，動物の本能のように固定されてはいない。たとえば人類特有の現象である言語能力等がその良い例である。

（2）教育の本質

　毒杯をあおいで死んでいった教育思想家ソクラテス（Socrates）は，紀元前5世紀頃のギリシアのアテネ（ポリス・都市国家）の教育思想家で，彫刻家の父と助産婦の母の間に生まれた。友人から，デルフォイでのアポローンの神託を知らされて以来，ソクラテスは「無知の自覚」へと青少年を導くことに努めた。具体的にソクラテスの仕事の核心は青少年の「俗見」（ドクサ）を吟味することであった。ここで「俗見」とは，世間の常識や社会通念であり，私たちはこうした「俗見」に媒介されて，世間とつながっている。世間一般の生活や日常的な生活では，「そんなふうに思われている」という常識で，すべてが運ばれている。しかし，その状態から抜け出して「本当のところはどうなんだ」と追求してゆくことが学問であり，知識の追求なのである。「反駁」とは，あらゆる「俗見」を仮借のない批判にさらすことを意味する。

　教育の本質とは，人にたんに知識を「授ける」ことでなく，相手のうちに蔵されている可能性を「引き出す」ことである。これを「反駁」を通して遂行することが真の教育の本質であるとソクラテスは考えた。「俗見」によって，私たちは，世間一般の卑俗で常識的なものの見方にどっぷりと漬かりきって，真実の世界をみることを妨げられている。洞窟の譬喩の第一段階のように，影を真実と見誤っていることが多い。この「俗見」を取りのけた後に，初めて本当に美しいものを美しいと見る眼が開けてくる。本当に美しいものを美しいと見ることを妨げている手垢を一つひとつ取りのけてゆくことこそが，教育の仕事であり，その方法的な「反駁」が教育の過程なのである。こうした当時のソク

ラテスと教育的に対立していたのが，ソフィスト（sophist）であった。彼らは当時の社会が必要とした知識を教授して授業料をとった職業教師で，注入主義の立場に立っていた。他方ソクラテスは，問答法・対話法を実践して，開発主義の立場を主張した。

2　教育の可能性と限界

（1）人間の教育可能性

　人間だけが本能的に固定されないという意味で，ここに人間の教育可能性が生じてくる。大人が子どもに関わらなければ，子どもは人間としての現実性を獲得してゆくことはまったくできない。たとえばイタール（J. M-G. Itard）による「アヴェロンの野生児についての報告と記録」（イタール，1952）等によれば，幼児期に何らかの事情で母から離されて野獣の群れのなかで育った少年は，人間の姿はしていたが，現実には野獣そのものであった。

　カントの『教育学講義』では，「人間は人間によってのみ教育される。しかもやはり同じく教育された人間によって」と書かれている。ここから私たちが理解できることは，成人の教育を受けなければ，人間の子どもは人間になることはできないという厳粛な事実なのである。

（2）人間と動物の相違点

　ここで「人間」は，他の動物とどこが決定的に異なっているのだろうか。それは，知識や技術を集団社会に伝達して，それを人間の共有財産として後代に伝達ができるという点で，これを人間の歴史性ということができる。こうした能力は，人間以外の高度の知性を持ったチンパンジーにおいても見られない。

　ケーラーの動物実験によれば，たとえばチンパンジーは，箱を重ねて，高いところからぶら下がっている食物を獲得する能力はある。

　さらに金網の外にあるチンパンジーの前肢では届かない食物を，棒を使って引き寄せることもできる。ところが一本の棒では届かない食物を，二本の棒を結合させて，それを使用して引き寄せることはできない。困惑のはてにたまたま二本の棒をたぐり回しているうちに偶然に結合できて長い棒ができ，これを

使用して食物を引き寄せることはできた。しかしそのチンパンジーは新しい道具，新しい技術と知識を他の仲間に伝達して共有財産にすることはできなかった。ここからケーラーは，チンパンジーは道具を作ることはできるけれども，社会的・歴史的に伝達することはできないと結論づけた。

　他方，人間は技術や知識を伝達する動物であると定義づけた。理性的動物である人間は言葉を持ち，文化を持ち，それを伝達することが可能な存在であり，アリストテレスはそれを，人間は「社会的動物」であると指摘してみせた。

（3）教育における遺伝と環境の問題

　教育における遺伝と環境の問題を表現する言葉として，「瓜のつるには茄子はならぬ」と言われ，逆に「氏より育ち」とも言われる。私たちは親や先祖から遺伝によってある程度の素質を受け継いでおり，この素質は教育の力，環境の影響，社会生活における影響，学校での教育，本人の努力等によってある程度は変化していく。遺伝と環境の両要因のうち，いずれがより決定的であるかということに関して，遺伝説と環境説との論争が展開されたが，シュテルン（W. Stern）のいわゆる「輻輳説」が出たことにより，思弁的な論争に終止符が打たれた。「輻輳説」では，両要因は協同して発達のために機能するものとしている。

　遺伝の側に比重を置くと，優生学がでてくる。プラトンは非常に優秀な者同士を結婚させるという理想国を考えたことがある。しかしこうした遺伝重視を進めると，教育は遺伝された素質の制約の中でのみ可能となるので，極端にいえば教育無用論が登場してくる。

　遺伝的な要因は生得的なもので私たちの手ではいかんともしがたいものである。反対に環境的な要因は私たちが意識して変化させることができるものである。古代中国の思想家である孟子の母が，孟子の教育のために良い環境を求めて三度住居を引っ越した（墓場，市場，学校）という「孟母三遷の教え」の故事に見られるように，私たちは子どもの発達や教育についてよりよい環境を整えようと必死になる。こうした「氏より育ち」の人間観である「人間は環境によって規定される」という環境万能論を説いたフランス啓蒙思想のエルベシウス（Helvetius）によれば，人間の一切の精神作用は，教育の結果でなければなら

ないと主張した。こうした思想では，人間の精神作用は
全く受動的に，外的に規定されてしまい，人間の内的主
体性や自発性，自由性は無意味なものとなってしまう。
　しかしここで私たちはさらにフランクルの以下の思想
を援用して子どもの「意志力」を信頼して，教育におけ
る「意志」の重要性を認識し，そこにさらに働きかける
べきではないだろうか。

図1-3　フランクル
中村茂画。

（4）環境と遺伝を超えた人間の「意志力」

　『夜と霧』でも有名な精神科医のフランクル（V. E.
Frankl）は，遺伝がベースにある生化学的な問題の場合でも，宿命論的な結論
を下すことには強く反対する。ランゲ（J. Lange）が報告した一卵性双生児の
場合，その一方は抜け目のない犯罪「者」になり，他方は抜け目のない犯罪
「学者」になった。「抜け目がない」という性格特性については，遺伝が絡んで
いるかもしれない。しかしながら，犯罪「者」になるか，犯罪「学者」になる
かは遺伝の問題ではなく，その人の実存的態度の問題であるとフランクルは鋭
く指摘している。遺伝はあくまでも人が自分自身を作り上げていくうえでの素
材にすぎないという考えがフランクルの基本である。遺伝でさえこの程度のも
のであるから，幼児期の体験や環境が人生の道を一義的に決断する可能性など
は，遺伝よりもはるかに少ないとフランクルは結論づけている。まして環境決
定論で，一人の人間の教育可能性が決定されることがあってはならない。私た
ち教育者は，一人の子どもがどのように遺伝的・環境的に困難な状況にあった
としても，その子どもの「意志力」の可能性に働きかけ，信頼しつつ教育的に
関わる必要がある。

（5）生まれながらに「文化的な生物」としての人間

　人間は生まれた時から，著しく自助能力に欠けている。たとえば食べ物のと
ころまで立っていくまでに，あるいは食べるための歯が生えるまでに一年以上
かかる。さらに動物のような毛皮で覆われていないために，外気の変化や傷に
も力強く対応できず，多くの保護を必要とする存在である。その意味で，哲学

者のプレスナー（H. Plessner）およびゲーレン（A. Geheln）は，人間は生まれながらに「文化的な生物」であると考えた。この考え方は，人間は生まれながらに欠陥のある生物であり，動物たちに対して不利であること，人工的に作られた環境である文化のなかでようやく生きられることを意味している。人間にとっては歩いたり食べたりすること自体が文化的要素をもっている。人間だけが歩いたり食べたりする人々の社会的環境のなかでそれらを覚えていく。さらにそのなかでも生きていくうえで基本的道具となる「言葉」は，まさしく高度な文化的システムであり，人間の子どもは生まれてから後天的能力として学び取らなければならないものなのである。

　多くの動物は生まれながらにして，その体に組み込まれた行動の仕方をもっていて，それを使用して生きていけるようになっている。たとえば私たちは，蜘蛛の巣の見事なできばえに驚嘆するのだが，それとて蜘蛛の生まれながらにもっている技能であり，学びとったものではない。高等動物になればなるほど，生後に学びとることができて，そのことにより有利な生存を可能にするが，人間の学び取りの量と質は，他のどのような高等動物と比較してもその差は歴然としている。

（6）生理的早産の状態で生まれてくる人間

　スイスの動物学者ポルトマン（A. Portmann）は，人間は出産後の1年間は胎内で成熟するはずであったという仮説をたてて，「人間は生理的早産の状態で生まれてくる」と指摘した。人間の新生児は他の哺乳動物よりも早く胎外に生まれ落ちることにより，主として言語獲得の理由で脳を大きく成長させることができるようになった。人間の新生児は，生後1年経ってようやく他の哺乳類が生まれたときに到達している身体的発達状態にたどりつくという。馬や牛などの赤ちゃんは，誕生して数時間後には自ら立ち上がり歩行を始める。しかし人間の赤ちゃんは他の哺乳動物よりも未熟な状態で生まれ，その後生きるために必要な成長が急激に起こる。これの意味するところは，誕生後の人間の赤ちゃんだけが他の哺乳動物の赤ちゃんと比べて，比較にならないほど高い形成の可能性をもっているという人間学的な重みである。この生物学的な解釈によって，教育の可能性と教育の必要性は，初めから人間の身体の成立過程に深く根

ざしていることが理解できるのである。

3　プラトンの「洞窟の譬喩」

（1）「陶冶」（人間形成）の本質を直観的に示すイデア界への志向

　『国家』は，プラトンの著作で，原題は『ポリティア』（Politeia）とも訳されている。伝統的な副題は「正義について」という10巻からなる対話篇で，プラトンの中期の作品と考えられている。「洞窟の譬喩」はその第7巻に使用された有名な譬喩で，イデア界が太陽の世界であるならば，可視界は地下の洞窟の世界となり，人間は生まれつき手足を鎖につながれ，イデアの影に過ぎない感覚的経験を実在と思い込んでいる人々に等しいとプラトンは考えた。一般の人々が持っている幻影の誤りを指摘し，イデア界への志向を教えることこそが愛知者としての哲学者の使命であると考えた。

　「洞窟の譬喩」は，プラトンの明確な証言に基づけば「陶冶」（人間形成）の本質を直観的に示すものであり，陶冶と真理の間には本質的な関わりが存在し，その橋渡しをするものこそが「パイデイア」なのである。「パイデイア」とは，人間の個性を覚醒させ，本来の方向に向けかえて，真の認識に慣らす過程のことで，そこから転じて広く教育や教養を意味するようになった。いずれにせよ，全人間の転向を意味し，明白であった考え方や在り方が変わることによってのみ「パイデイア」は可能となる。

　人間の本質がそのつど，あてがわれた領域へ転向して慣れることが，プラトンが「パイデイア」と呼ぶものの本質である。プラトンの本質規定によれば，「パイデイア」とは全人間の本質における転向への導きである。

（2）「洞窟の譬喩」の真理の段階的説明

　「洞窟の譬喩」の第一段階では，人々が洞窟内で縛られている状態から説明が開始される。そこでは道具類の影しか見ることが許されていないので，人工の光によって生じる道具類の影

図1-4　プラトン

を真実と思い込んでいる。

　ところが第二段階において，人々の束縛が解除されることになる。人々は今や部分的に自由の身になるにもかかわらず，なおも洞窟内に閉じ込められたままの状態にある。しかしここではあらゆる方向に身を向け変えることができるようになり，その結果，彼らの背後を運ばれて通り過ぎる「事物そのもの」を見る機会が与えられる。以前は「影」だけにしか眼を向けることができなかった人々は，ここで初めて「存在」するものにより近づくことになる。洞窟内の松明（たいまつ）という人工的な光ではあるがその形を呈示し，その事物はもはや射映によって隠されず，人は初めて真実の物と対面することになる。

　第三段階は，束縛から解放された人々が今度は洞窟の外，すなわち自由な開かれた場に出たところから始まる。地上には本物の太陽の光が輝いており，ここでは事物そのものの理念が本質を呈示（ていじ）している。これは洞窟内の人工の光に照らされて見える事物以上に「真理」に近いものとなる。影から人工の光を通してみる事物，そして太陽の光のもとで見る事物へと，段階を次々と経て，「向け変えること・転向」の真理の度合いが深まってくる。「陶冶・形成」の本質は「真理」の本質に基づいており，しかも同時に忍耐と努力の度合いもそれに比例する。この「向け変えること・転向」としての「パイデイア」も次元的に深まる。

（3）全人間の本質における転向への導きとしてのパイデイア

　「パイデイア」の本質は「全人間の本質における転向への導き」である。プラトン自らの解釈にしたがえば，「パイデイア」の本質を直観的に示そうとするこの「洞窟の譬喩」は，洞窟からの脱出をもって成就（じょうじゅ）されたのだが，それで物語は終わらなかった。

　最後の第四段階は，解放された人々が再び洞窟内のまだ縛られている人々のもとへ降りて帰っていく次第を描写している。解放された人々は今や縛られている人々の非真理に気づかせ，隠れないものへと導きあげる使命を帯びることになる。しかし，解放者は洞窟内では地上とは勝手が違い，洞窟内の現実的要求に負けてしまうおそれがある。洞窟内の真理の解放者とあらゆる解放に反抗する閉鎖的な人々との間の争いが生じてしまい，場合によっては洞窟内で，真

理の解放者は殺される危険性さえはらんでいる。プラトンの教師であったソクラテスは，まさしくこの危険性ゆえに毒杯をあおいで死んでゆかねばならない運命にあった。

　プラトンは「洞窟の譬喩」において，教育とは魂全体を闇から光の根源へと「転回」することであると説明した。しかしこの「転回」と，後述する教育の「覚醒」とは同じものではない。「転回」においては，人間がそれに向かって転回されるべき目標が常に考えられていたのに対して，「覚醒」においてはそのような方向性は存在せず，いつも人間の非本来性から本来性への覚醒が問題にされる。

4　ソクラテスの助産術

（1）ソクラテスの仕事の核心は「ドクサ」の吟味

　ソクラテスは，友人からデルフォイでのアポローンの神託を知らされて以来，「無知の自覚」へと青年を導くことに努めていた。ソクラテスの仕事の核心は「ドクサ」の吟味にあった。教育の仕事とは，人にたんに知識を「授ける」ことでなく，相手の内に蔵されている可能性を「引き出す」ことである。この仕事を「反駁」を通して遂行することが真の教育なのだと彼は理解した。「俗見」によって，私たちは世間一般の卑俗で常識的なものの見方にどっぷりと漬かりきって，真実の世界を見ることを妨げられている。

（2）ソクラテスの「想起説」

　この「俗見」を取りのけた後に，初めて本当に美しいものを美しいと見る眼が開けてくる。ソクラテスの「想起説」とは，経験からは得られない普遍的な先験的な知識の成立を，かつて見た最も美しいものの記憶の想起される過程として神話的に説いている。本当に美しいものを美しいと見ることを妨げている手垢を一つひとつ取りのけてゆくことが教育の仕事で，その方法的な反駁が教育の過程である。

（3）ソクラテスの「助産（産婆）術」

　その中でもソクラテスの「助産（産婆）術」（maieutike）について述べてみよう。ソクラテスの弟子であったプラトンは，ソクラテスの言行録を克明に記録していた。『メノン』においては，対話による問答法で本人の無知を悟らせ，知恵（ソフィア）を求めさせた。これは，内的な自省を通して真理の獲得に至らせる方法である。ここでは村井実および横山利弘の論考に従いつつ，教師と子どもの間で生みだされてゆく一つの真理概念を中心に，その対話のプロセスを要約し再現してみよう。

（4）「徳とは教えられるものなのか」

　プラトンは「アポリア」（行きづまり）について，『メノン』の中で，幾何学の知識を持たない少年とソクラテスの対話という設定をして説明している。ギリシア北部のテッタリアという地方の貴族の青年メノンがアテナイを訪問しているときに，ソクラテスに「徳とは教えられるものなのか？」という問いをしたことに関わるエピソードである。

　ソクラテスは，すぐには答えず「徳とは何か」という話を進めていく。ソクラテスは「教えというものはなく想起があるばかりだ」と言う。メノンは「そのことを私に教えることができますか？」と食い下がるので，ソクラテスは，メノンに彼の召使いの少年を呼ばせてその召使いと直接，対話を始めてメノンの質問に応答していく。召使いは幾何学等の教養はないが，以下のようなやりとりが展開されていく。

ソクラテス：一辺が一メートルの正方形ＡＢＣＤがある。この面積の二倍の正方形はどうしたら，描けるかな？

少年：（少し考えて）各々の辺を二倍にすれば，広さも二倍になると思います。

ソクラテス：それじゃ，ＡＢ，ＡＤを二倍にしてできる正方形を書いてみよう。すると，ＡＢＣＤの正方形が四つできたね。各辺を二倍にして，果たしてＡＢＣＤの二倍の広さだろうか？

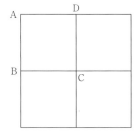

　ここで，少年は自分の「俗見」（ドクサ）が行き詰まることを知る。しかしここでソクラテスは，決して「おまえはまちがっている」とは言わない。さらにヒントを与えつつ問い続けてゆくことによって，少年自らが自分のまちがいに気づいてゆくように仕向ける。これを「無知の知」という。

　つまり，少年は初め，正方形の二辺を二倍すれば，面積も二倍の広さになると思いこんでいた。そういう知（俗見）を否定して，「私は知において貧しいものだ」と自覚することを「無知の知」という。ソクラテスは少年を「しびれさせ」た。しかし，この教育的行為を，他のソフィストや大人たちが誤解して，「ソクラテスはアテネの少年をたぶらかす者だ」ということで，毒盃を飲まされて殺されてしまったのである。

　ソクラテスと奴隷の少年の対話を続けて聞いてみよう。

ソクラテス：じゃ，これからどういうぐあいに進むか，よく見ててごらん。私は質問するだけで，何も教えないし，君（少年）はただ私と一緒に探究するだけだ。ＡＢＣＤと同じ正方形を，加えてみよう。もう一つ。そしてもう一つ。これで，おおきな正方形ＡＥＦＧはもとのＡＢＣＤの何倍だろう。

少年：四倍です。

ソクラテス：ところで，私たちは，二倍の正方形がほしかった。覚えているかね。すると，この隅Ｂから隅Ｄに引いたこの線は，正方形ＡＢＣＤを半分にしているのじゃないだろうか。

少年：はい。

ソクラテス：そしてこの四つの同じ線ＢＤ・ＤＩ・ＩＨ・ＨＢは，ここに「正方形ＢＤＩＨ」を作ることになるだろう。

少年：そうなります。

ソクラテス：その広さがどうなるか，よく考えてごらん。

少年：わかりません。

ソクラテス：四つの正方形はこの線で半分ずつになっているんじゃないか。

少年：はい。

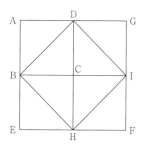

ソクラテス：すると，正方形ＢＤＩＨはもとの正方形ＡＢＣＤの何倍か？
少年：二倍です。

　以上がソクラテスと少年の対話の要約である。ここから，この少年は一つの真理を学んだ。すなわち，少年の魂のなかにまどろんでいた真理を想起すること（自分がもっているものを想いおこすこと）ができたのである。

（5）「無知の自覚」という生産的な状態へと導くこと

　そこで，ソクラテスは何をしたのだろうか。彼は，「産婆・助産」をしたことになる。若い男が真理を生むのを助けたのである。これを，「産婆術」あるいは「助産術」と呼ぶ。ここで，今までのところをまとめてみよう。
　今まで持っていた人々の知識（俗見）を「論破」し吟味した。このことを，「無知の自覚」という。その手段として，「対話」を通して，様々な角度から質問していく。助産術によって，知へのてがかりへと導くことになる。「すでに私は知っている，これは自明のことだ」という在り方がいったん根本から否定される。論破は，無知な人間を知ったつもりでいる非生産的な状態から救いだし，「無知の自覚」という生産的な状態へと導くことになる。うまく進めば，真実に「生産的な瞬間」が現れる。これがソクラテスの「助産術」である。

5　教育の目的と目標

　教育の目的や目標を，人間の「成熟」に焦点づけるならば，幼い子どもを十分に生活できる手助けをする仕事が，個人主義的な「教育」として定義づけられる。「成熟」は，人間の中の能力が完全に成長した状態であるのに対して，「未熟」は内部からの成長がまだその目標に達していない状態である。教育においては個人の視点からの人間形成の考察が最初になされるべきであるが，さらに教育は集団や組織という視点からも考えられるべきだろう。なぜなら，人間は一人で生きていくことはできず，必ずや社会の一員という側面も大切な要素になるからである。
　しかし国家，企業，様々な組織は，たとえば職人，医者，教育者等を養成し

なければならない。そこでは，「次の若い世代」が引き継ぐことができるように教育されることが求められる。ここに教育の第二番目の定義，すなわち古い世代が新しい世代の成員に，社会全体の中での役割を継続させることを可能にすること，つまりは後継者養成という大切な機能が出てくる。本節では，こうしたボルノーの二つの視点から教育の目的と目標を考えていきたい。

（1）個人主義的な教育の定義

　ボルノー（O. F. Bollnow）は，カントの「人間は教育されなければならない唯一の動物である」をしばしば引用する。人間は自力だけで生きていけない状態で生まれ，古い世代の者の手助けによって初めて自分で生きていくことができる。このように，幼い子どもを十分に生活できる手助けをする仕事が，個人主義的な「教育」として定義づけられる。

　こうした教育の目的・目標について，ボルノーは，「成熟」と「成人」という言葉でさらに次のように説明する。「成熟」は，人間の中の能力が完全に成長した状態であるのに対して，「未熟」は内部からの成長がまだその目標に達していない状態である。期待された成長が遅れているときにしばしば未熟であると判断される。こうして「成熟」とは，有機的・植物的な成長の概念であることが明らかになる。

　次に「成人」という概念は，自立した責任ある一人の社会人として受け入れられる状態を示す。逆の意味は当然「未成年」で，本人の代わりに保護者や後見人が物事の決定をすることになる。それゆえにこれは，法律上の概念でありさらに，自分の行動に責任を持つことのできる人間という意味では，道徳的な分野にまで拡大されて使用される。いずれにせよ，教育の目的や目標を，「成熟すること」と「成人になること」ということにするならば，有機的な現象と，法律的・道徳的な現象の二つの側面から理解できる。

（2）集団主義的な教育の定義

　教育は個人とは別の観点が必要であり，個々の人間を組織した，より大きな集団や組織という視点からも考えられるべきであろう。個々人はやがて年をとり，組織から離れても，また新しい人間が代わってその組織を維持しなければ

ならないからである。国家，企業，様々な組織は，たとえば職人，医者，教育者等を養成しなければならない。そこでは，「次の若い世代」が引き継ぐことができるように教育されることが求められる。ここに教育の第二番目の定義，すなわち古い世代が新しい世代の成員に，社会全体の中での役割を継続させることを可能にすること，つまりは後継者養成という大切な機能が出てくる。この意味でいえば，教育とは一つの力を行使することでもあり，国家や社会組織の要求によって，教育の内容は限定され修正されうる。

（3）個人の教育と集団の教育の二つの教育の解釈

　最初に紹介した一つ目の定義は，人間を「自己目的を持つ存在」として捉え，二つ目の定義は，逆に人間を社会の一員として捉える。第一の個人主義的な教育学は，個人の中の能力を発展させ，その可能性を最大限引き出そうとする。第二の集団主義的な教育学は，人間を可能な限り社会に役立つ存在にすることを目指し，社会に役立つ能力を育てることが重要な視点となる。こうした全く異なった価値観を持つ二つの教育の定義が存在する。どちらの要素も必要であるとボルノーは考えており，私たちは現代社会において，両方が矛盾なく満たされる教育を実現していくことこそが重要になってくる。

（4）「教育」の必要性と可能性について

　ボルノーによれば，人間が教育を受ける必要性は，人間存在の後から付け加えられたものではなく，初めから人間理解の中に持ち込まれるべき性質のものである。つまり人間とは初めから教育を必要とする存在と捉えられなければならない。こうした考え方は，新しいものでなく既に，コメニウスやカントも，人間とは教育されなければならない存在であるという趣旨の発言をしている。従来，人間は教育を必要とする存在であるという考えは，多くは「欠陥存在」としての人間を前提に主張されてきた。つまり，人間とは頼りない存在として誕生するために，教育によって初めて生きることができるようになると解釈されてきた。しかしプレスナーやゲーレンの，人間は生まれながらに文化的な生物であるという主張によって，教育における人間理解が大きく変化してきたのである。ポルトマンによれば，人間には動物のような毛皮が欠如するというあ

る意味での欠陥は，逆に感覚機能の増大という利点と結合しているために，むしろ人間の完全性の現れである。人間はこのように存在する欠陥を，より高い仕事によって補うという意味で，たえず新たなものに向かって努力する生物なのである。不完全ではあるが，そのためにこそ無限の可能性に満ちた生物なのである。しかしながら他の動物は本能で生きているという意味で完成した在り方なのである。

（5）「教育の段階的区分」について

　ここで人間にとって必要とされる教育をボルノーに即しつつ段階的に分けて説明してみよう。第一の段階は，「成長の援助としての教育」である。まだ自力で生きていくことのできない小さな子どもは，大人によって養育されなければならない。一人前の人間に成長するためには大人による援助が必要となる。つまり，幼い子どもを自力で生きていけるようにすることが「成長の援助としての教育」なのである。

　やがて人間は，文化の中で学ぶべき内容が増加してくる。そうなれば，一人前の生活能力を有するための期間は延長されてくる。こうして文化の創造とともに成長の援助という概念ではとらえられない第二の段階に入ってくる。それは「文化財の伝達としての教育」である。手仕事から，制度の中での生活，社会的・文化的技術の習得，文学や精神的な伝統の知識等が，文化には含まれる。こうした膨大な文化的技術を習得しなければ私たちは大人として十分な生活ができない。ここから教育の第二の規定が生じてくる。つまり教育とは，古い世代が新しい世代へと文化財を伝達することである。これらが家庭内で行われる間はそれでいいが，より専門的な伝達になると，もはや家庭での学習では限界がやってくる。

　こうして教育の第三段階に突入することになる。文化の領域が複雑になればなるほど，特別な技術で，教授法を作りだす必要がでてくる。効率良く教え，技術を習得させる方法を「教授法」と呼ぶ。そこでは知的教育のみならず，様々な理論的・実践的な分野の人間の諸能力を規則正しく発達させることが目標となる。こうして単純な生活の援助，成長の援助では間に合わなくなると，教育の問題は必然的に「教授法」の問題へと移行していく。

図1-5　ボルノー

出所：筆者撮影。

そして最後の第四段階としてボルノーは「道徳教育」を位置づけている。これはたんに子どもに，外の世界を媒介する「教授法」とは別の世界を扱う。人間はたんに動物のように生きる生物ではなく，道徳的な存在，つまり自分自身に対して責任を持って行動する存在なのである。別言すればそれは「人格」を持った存在とも言える。こうした存在になるために教育は必要不可欠なのであり，この課題をボルノーは広義の「道徳教育」と呼んでいる。それは調教や習慣によらず，自分で責任を持つ人間しか，なしえない行為なのである。

6　幼児と保育者の信頼関係の重要性

（1）信頼関係を軸とした未知の環境と関わる意欲

　井上によれば，大人は子どもたちにとっての「安全基地」であるという。そのことによって幼児は自分を受容してもらい，共感的態度が生ずることになる。養育者が幼児を全面的に受容することで，この世界を「安全なもの」として感じることができるようになる。幼児は，養育者との「信頼関係」を軸として，未知の環境と関わっていく意欲がわいてくる（井上，2017：23）。

　この点に関してはボルノーも次のように述べている。すなわち，「人間の心的健康は，彼が『うち』〔本稿でいう「安全基地」のこと〕という空間を持つことができるかどうか，すなわち，世の中で果すべきさまざまな責務から，いつもこの『うち』へ再び立ち帰り，そのなかで彼が安定感をもつことができ，（中略）身内のものといっしょに『住まう』ことができるかどうかにかかっている。（中略）そして子どもの生を支える基本的な気分〔筆者註：教育的雰囲気のこと〕がいつもそこにあるようにし，もしそれが阻害されたときは，いつでも直ぐに回復されるようにしてやることが，教育の第一の，そして必須の課

題なのである」（Bollnow，1970：26。森・岡田，1980：66）。

（2）幼児は一方的に大人から受容・共感されている「受動的存在」か

　幼児は，ただ一方的に大人から受容・共感されている「受動的存在」であるのか，保育の場で保育者から一方的に受容・共感的態度によって与えられている存在なのか，と井上はさらに問うていく。むしろ逆に，幼児が保育者を「この先生だから」と受容する態度をとっていると，井上は考えている。幼児のこうした「主体性」が存在することによって保育の場が成立するのではないかと，と井上は問題提起している。であるならば，幼児から受容・共感されることも含めて，保育の場における幼児は，たんなる「保育の受け手」ではなく，保育者とともに「保育の場を支える核」になるとも言えるだろう（井上，2017：23）。

（3）「庇護性・被包感」を通じた保育者と幼児の教育的関係性

　井上はボルノーの「庇護性・被包感」概念を使用して，教育者と幼児との間に醸し出される教育的雰囲気について論じている。この「庇護性・被包感」の概念を軸に，第一に，保育者から庇護され，被包されることを求める主体としての子ども像を考えている。そして第二に，保育の場において，幼児も「保育者と共にその場を支える主体」としての子ども像を考えている。この 2 点で子ども像を新たに把捉している点に井上論文の独自性が見出せる（井上，2017：23）。

　ボルノーの「庇護性・被包感」という概念から，保育者と幼児の教育的関係性は，両者の「同等性」のうえに成立すると考えられる。すなわち，「保育者－幼児」間の教育的関係性を再構築することを目指している（井上，2017：24）。

　ボルノーの「庇護性・被包感」の概念は，「教育的雰囲気」の一つである。それは，子どもが特別に意識することもなく，なにげなく学校（幼稚園・保育園）生活をするなかで自ずから身に付き，世界へと自らを開いてゆくことを援助する雰囲気のことである。その意味で「被包感」は，子どもの内的な充実を意味する（井上，2017：25）。

（4）「被包感」という教育的雰囲気

　子どもは彼の被包感のなかに生き，そこから発達し，その中から世界へと自らを開いていくと考えている。ここから理解できることは，ボルノーの子ども理解は，大人から向けられる「庇護性・被包感」という教育的雰囲気のなかで成長する存在であるということである（井上，2017：26）。

　ボルノーによれば，幼児は自分を，力弱きもの，助力や保護を必要とするものと感じており，おとなの世界に支えられていると思っている。しかも幼児は，こうした自己の無力さを決して欠点とは感じていない。なぜなら，彼はおとなたちの保護の中で安全に包まれていることを知っているからである。また幼児は，助力の必要を当然なことと感じて，おとなたちを信頼しているからである（井上，2017：15。Bollnow，1970：38。森・岡田，1980：93）。

（5）安心・安全を与えてくれる雰囲気の中での発達

　「おとなによって支えられる」存在である子どもは，自分を「被包」してくれるおとなと「未分」の状態で結ばれている存在であることを理解している。だからこそ，おとなからの保護の中で安全に包まれる経験を持つことが可能となる。自らを「保護してくれる」存在であるおとなに対して，おとなと未分の状態である幼児は，何の疑いもなく，大人を信頼し，感謝することができるという（井上，2017：26-27）。

　井上は，子どもをいかなる存在として捉え，子どもの育ちの過程にいかに関与すべきか，子どもが誕生後，最初に信頼関係を築く養育者との関係性について以下のように考えている。すなわち，幼児から見て，教育を支える一連の雰囲気的条件の最初に位置するのは，子どもを保護する家庭環境である。そこには，信頼され安定感を与える者から放射される感情が十分に存在している。このような雰囲気の中でのみ，子どもは正しい発達をとげることができ，子どもに対して，世界は，意味をおびたその秩序を開示してくれるのである。養育者との関係によって生じたこの「信頼」の感情を基盤にした「教育的雰囲気」の中に浸ることによってはじめて，子どもは「正しい発達」を遂げることができるようになる。さらにこの雰囲気のなかで，この世界から開示される「意味をおびた秩序」に触れることも可能になるという（井上，2017：27）。

（6）この世界における「安全基地」

　愛し，信頼することのできる養育者との関係を基軸として初めて子どもは，自分が存在する「世界」を，「安心して住む」あるいは「住み心地のよいもの」にすることができるようになる。自分との深い関わりを持つ，特定の養育者との間で形成された信頼関係，そしてそこから紡ぎ出された「庇護性」のおかげで，自分が生きる世界に対して自分を開いていくことができる。この意味で，子どもが生まれて初めて信頼関係を構築する養育者，親の存在は，子どもにとってこの世界における「安全基地」であり，「絶対的なものの体現者」でもある。フレーベルはそうした子どもを庇護する施設として，世界で初めてのキンダーガルテン（幼稚園）を創設したのである（井上，2017：27）。

　これとの関連で，ボルノー自身の発言を提示してみよう。ボルノーは言う。すなわち，「意味をもち，安心して住めるそのような世界は，幼児にとっては，原則として，特定の愛する他人に対する，したがって第一に母親に対する，人格的な信頼関係においてのみ開けてくるものであり，それゆえ，包み護られているという普遍的な気分は，最初の瞬間から，むしろ愛する個々の他人に対する特定の関係と結びついているわけである。そして愛する特定のひとに対する関係からして，はじめて，世界は同時に，安心して住むことのできるもの，住み心地のよいものという性格を獲得するのである」（Bollnow，1970：18。森・岡田，1980：50）。

（7）「世界」に対する「一般的な信頼感」への移行

　幼児が成長していくにつれて，絶対者としての親・養育者との関係は少しずつ変化していく。これまで親の存在は絶対的と思われていたもの，すなわち，主客未分の関係性がくずれていくことになる。そのときに，養育者は，養育者との間に構築された信頼関係を，より一段高いこの「世界」に対する「一般的な信頼感」へと幼児を移行するように導くことが求められる。その結果，幼児は，今度は「世界」から与えられる被包感の雰囲気のなかで，前向きに世界の中で活動をすることができるようになる（井上，2017：27-28）。

　身近な母親との信頼関係が崩れたときどうすればよいのか。ボルノーは言う。「ここでおとなの果たすべき課題は，子どもが幻滅を乗りこえるように導いて

ゆくということである。すなわち，具体的な他者に対する信頼の絶対化から，子どもを徐徐に慎重に解放することであり，もはや個々の人間に結びつくことなく，しかも，起こりうるすべての幻滅の彼方で生活に恒常的な拠りどころを与える存在と生に対する新しい一般的な信頼へ，子どもを導いてゆくことである」(Bollnow, 1970：23。森・岡田, 1980：59)。

（8）「包括的信頼」こそが「基本的態度」であり「雰囲気的条件」である

　幼児は，単に自身の内部から，自身に内在する法則に従って発達するのではない。幼児は，彼の環境から，彼に寄せられる期待によって，左右されるのである。この信頼が欠けている場合には，幼児の発達もひどく歪められてしまうことになる。子どもは大人や世界からの信頼を得て，そして世界に対して信頼を寄せることができて，初めて正しい発達が可能となる（井上, 2017：28）。

　ボルノーは，子どもにとって被包感を醸し出す環境の一つである教育者が，子どもに寄せる「信頼」は，子どもに備わっている能力や性格に基づいて寄せられるものではなく，その子どもが「その子ども」であるということ自体を愛し認めるがゆえに，それを生み出せるのである。これをボルノーは「包括的信頼」と呼称し，これこそが，子どもと養育者の関係を支える「基本的態度」であり「雰囲気的条件」であると定義づけている（井上, 2017：28）。

　これとの関連でボルノーは言う。「包括的な信頼は，そこに必ずしも特定の方向がしめされてはいなくとも，子どもにひそむあらゆる力の発達に直接作用して，これをみのり多からしめるものであり，子どもの発達にとってまさに不可欠のものなのである。子どもの道徳的な力は，彼を取り巻く周囲の信頼，特に教育者の信頼によって，彼がどれほど支えられていかということで決まってくる」(Bollnow, 1970：49。森・岡田, 1980：119)。

参考・引用文献

O. F. Bollnow（1970）Die pädagogische Atmosphäre. Heidelberg, 4 Aufl.（ボルノー（1980）森昭・岡田渥美訳『教育を支えるもの』黎明書房）

ボルノー（1981）浜田正秀訳『人間学的に見た教育学』玉川大学出版部。

ハイデッガー（1980）木場深定訳『真理の本質について』ハイデッガー選集十一，理想社。

井上遥（2017）「「被包感」（Geborgenheit）の概念を軸にした保育者と子どもの教育的関係性についての一考察——O. F. ボルノーの教育理論を手がかりにして」『長崎短期大学研究紀要』第29号

イタール（1952）古武弥正訳『アヴェロンの野生児』牧書店。

教師養成研究会編（1981）『資料解説　教育原理』学芸図書。

三井浩（1981）『愛の場所——教育哲学序説』玉川大学出版部。

村井実（1977）『ソクラテス』上・下，講談社学術文庫。

プラトン（1982）三井浩訳・金松賢諒訳『国家』玉川大学出版部。

田代直人・佐々木司編著（2006）『教育の原理』ミネルヴァ書房。

土戸敏彦（2002）「人間——この特異な存在」土戸敏彦ほか編，田原迫龍麿ほか監修『人間形成の基礎と展開』コレール社。

横山利弘（1991）「教育の概念」横山利弘編著『教育の変遷と本質』福村出版。

横山利弘（2007）『道徳教育，画餅からの脱却』暁書房。

（広岡義之）

第 2 章

成長・学び——教育とは何か

　本章では，子どもの成長や学びの理解を基盤に，どのように教育実践を組織
していくかを考える。教育実践とは，教育者が人為的に子どもに働きかけ，そ
の成長や学びを促す行為である。つまり，教育実践はそれを組織する側，すな
わち教育者側の意図と，学習する側ここでは子どもの姿勢によって，生み出す
創造行為である。こうした教育するという創造行為は，教育者と学習者の関わ
りの中で成立するものであり，長い歴史において受け継がれてきたものである。
学校教育では，教育に携わる者が，どのような認識において教育を創り上げて
いけばいいのか，日本における教育実践に立ち戻り，学習する側を主体に考え
てみたい。

1　成長と学び

（1）乳幼児期から見る子どもの成長と学び

　乳幼児期は，生涯にわたる生きる力の基礎が培われる重要な時期であること
は，言うまでもない。乳幼児は，最初期の原始反射的な行為から，徐々に外界
との関わりによる快・不快の経験を通じ，身体感覚を伴った育ちが促されてい
く。こうした一連の過程の中では，子どもの自発的応答（欲求）が起こる。例
えば，泣く，手を伸ばす，口に入れて舐めるなどの探究・思考の行為や表現が
現れてくるようになる。人間は始まりの最初期から，自ら感得し学ぶ姿を示す
のであり，人間は生まれながらにして学習者であると言える。

　このような見方は，幼児教育思想の先駆者であるフリードリッヒ・フレーベ
ル（F. W. A. Fröbel, 1782-1852），マリア・モンテッソーリ（M. Montessori, 1870-
1952）も，同様に持っていた。フレーベルは，子どもは生まれると同時に自由

に全面的に主体が育まれるべきであって，乳幼児期は感覚器官によって自発的内面化（内面的なものを外的に，外的なものを内面化し統一）していくと理解し，モンテッソーリは，乳児期から自ら内側で感じ取る秩序感とそれに伴った内的欲求により外側への現れがもたらされることを内的過程として捉えてきた。私たち人間は，最初から内なる感覚を通じた促しによる主観的存在，一人の個である。そのような見方によって，成長と学びが支えられていることを覚えておきたい。

　ところで，今日の教育では，子ども自らの内側の世界で促され育とうとしていることを顧みず，何かが「できる」「できない」という表面的な判断に囚われたり，周囲に合わせたり，かかわる大人の価値観に共感する・させる，意図付けることに囚われたりし過ぎていないだろうか。2017年3月の学習指導要領改訂に伴い，幼稚園教育要領及び保育所保育指針，幼保連携型認定こども園教育・保育要領改訂（実施・2018年3月）では，乳幼児期の育ちの先を見据えた「幼児期の終わりまでに育ってほしい姿[*]」10項目が示されたが，これは，幼児期から児童期青年期に至る姿であり，目の前の子どもの中身の理解を基に，子どもの成長と学びの目標（方向）を表していくためのものである。

　　＊幼児期の終わりまでに育ってほしい姿：①健康な心と体　②自立心　③協同性　④道徳性・規範意識の芽生え　⑤社会生活との関わり　⑥思考力の芽生え　⑦自然との関わり・生命尊重　⑧数量や図形，標識や文字等への関心・感覚　⑨言葉による伝え合い　⑩豊かな感性と表現

　いずれの姿も，生きる力の基礎，心を育むことを重視した幼児の人間形成につながるもので，今後，子どもの成長と学びの理解を基本とした保育・学校教育実践に期待されるものである。ただし，「幼児期の終わりまでに」と示されたことで，指導する側が子どもの資質・能力を到達目標と認識しないよう注意し，子どもの内側を支える教育でありたい。成長する学ぶ主体は子どもであり，成長していく・しようとする姿から希望を見出すこと，これは全ての教科に共通して言えることであろう。

　この10の姿を幼児期から小学校・中学校につながる生涯発達の視点，さらに言えば，成長と学びが継続しているというまなざしをもって，教育の営みに励

んでもらいたい。

（2）学びの本質

　では，「学ぶ」とはどういうことなのだろうか。「学ぶ」という言葉は「真似ぶ」に由来すると言われる。学びとは，何かあるいは誰かの真似をすることから始まるものと考えられる。人間は，赤ちゃんの時から，口の動きや表情，しぐさなどを真似るように，各々の内から沸き起こる興味や関心，好奇心から，学ぼうとする。つまり，周囲の存在から学びとる力を持っているのである。

　インドのゴダムリ村で発見された2人の狼少女アマラとカマラの話は聞いたことがあるであろう。1920年10月，その地で宣教活動をしていたシング牧師に救出されたアマラはおよそ2歳，カマラはおよそ8歳で狼5匹と同じ巣に住んでいたのであった。彼女たちの狼らしさ，四足歩行，夜行性，嗅覚が鋭く生肉を食べるというような様子，狼そのものとしての生活は，周囲の環境から吸収した生き様であり，狼生活の模倣による学習を表していると言える。こうした狼としての生活を基盤に，彼女たちの内面の安定が保たれ成長してきたのである。そのため，人間がアマラとカマラにいち早く社会化，つまり人間社会に適応できるように，ルールやマナー，行動様式を押しつけて教育したとしても，かえって十全な成長につながらない。だから，彼女たちの生命は，途絶えてしまったのかもしれない。アマラは3歳で，カマラは17歳で他界した（ただし，このアマラとカマラの話について，学術的な真偽のほどは不明である）。

　教育する側からすれば，人間社会における子どもの社会化は重要であるため先行させがちになる。しかし，真の成長には子どもの気持ちや考えを尊重する支えが必要である。教育する側が，子どもの育ちの文脈を理解し，内側の動きに目を向ける姿勢を持ちたいものである。そうすれば，自ら楽しみ，自ら見つけ，感得するという学びと成長が成立できたのかもしれない。

　つまり，学びとは，教育する側の思い通りにすることではなく，学ぶ側の子ども自身が気付き，発見し，変わっていくこと，成長していくことによって深まる。したがって，学びは学ぶ側が主体的であるということであり，主体性が育っていることが前提にある。学ぶということは，自ら積極的（能動的）に活動することである。こうした育ちが連続していくことが学校教育では求められる。

（3）学びの連続性

　学校では，子どもの学びは継続していくのだろうか。

　第 4 章にあるアメリカの教育哲学者であるデューイ（J. Dewey, 1895-1952）によれば，学校は子どもの連続した成長への欲求を支えていくことが役割である。自らの欲求，つまり自発的に学ぶ心情・意欲・態度が続くことで，主体性を持った人格が育っていくのである。

　ここでは，主体性を持った人格を育てる教育実践の考え方を，森有正（1911-1976）＊の経験論から確認してみよう。森有正が言う経験とは，絶えず，一人称になるところから始まる。体験ではなく，経験となる学びを続けていくことである。森によれば，「経験というものは自己というもの，私というもの，あるいは一人称の自分というものが自覚される根本的な場所である」（森，1975：140）。

　　＊森有正：東京都生まれ。日本の哲学者，フランス文学者。明治時代の政治家森有礼の孫に当たる。1950年の戦後初のフランス政府給付留学生としてパリに渡り，そのままパリに留まり，1952年パリ大学東洋語学校で日本語，日本文化を教える。デカルト，パスカルの研究をし，パリを拠点として思索を深め，数多くのエッセーをまとめた。

　すなわち，主体的な学びは一人称から始まる。森によれば，社会というものは，一人称（自分，私）と三人称（他者）によって成り立っているものである。自己（個人）は，民主主義の根本であり，個々の存在を尊重し育てることが民主教育である。こうした自律的な存在を一人称と呼ぶ。主体的な学びは，教育する側の一貫した意図が連続することではなく，その一人称である私が成長していくこと（変わっていくこと），つまり絶えず新しくなっていく経験が続くことが求められる。

　しかし，日本人の人間関係では，「私」が「あなた」にとっての「あなた」になるというような，「あなた」に合わせる二人称の世界，「私」と「あなた」はおらず，「あなた」と「あなた」しかいない。森の言葉で言えば，二項関係の傾向にある。これは，教育・保育の実践の場でも頻繁に見られる。「みんなと一緒に」「声を合わせて」等，自分の意志ではなく，教師や相手の意図に合

わせる表面的な行為や表現といった学びは，自己が育たない。

　現行の学習指導要領が示す，「主体的・対話的で深い学び[*]」とは，まさに子ども一人ひとりが自己の意志で，心動かし応答することであり，「声を大きくはきはきと」や，「思いやりを持っているように」見せる行動や姿勢等ではない。

　　＊主体的・対話的で深い学び：ある事柄に関する知識の伝達だけに偏らず，学ぶことと社会とのつながりをより意識した教育を行い，子どもたちがそうした教育のプロセスを通じて，基礎的な知識・技能を習得するとともに，実社会や実生活の中でそれらを活用しながら，自ら課題を発見し，その解決に向けて主体的・協働的に探究し，学びの成果等を表現し，さらに実践に生かしていけること。「何を教えるか」と「どのように学ぶか」という，学びの質や深まりを重視した，課題の発見と解決に向けて主体的・協働的に学ぶ学習（いわゆる「アクティブ・ラーニング」）や，そのための指導の方法のことを指す。

　一方，主体的・対話的な深い学びとは，自分の言いたいことだけを述べるものでもない。自分が受け入れられ相手の意向も尊重する，自己認識と他者理解の上で成り立つ対話から学びが深まっていく。対話には色々な表現の仕方があるであろう。だから，たとえ声に出せなくても，心を動かし，森の言葉で言うところの「内的促し」によって応答しているならば，アクティブな学びであり，主体的な対話が成立していると言える。

　こうした自らの内的促しによる学びの連続性を見つめて，本質的な学びを据えた学校教育に携わっていきたい。

2　日本における教育実践

（1）生活の教育化，教育の生活化

　学校では，教育という創造行為がどのように展開できるのであろうか。本節では主に，子どもにとっての経験を基盤にした日本の教育実践を，大正自由教育と呼ばれる教育実践運動の①池袋児童の村小学校，②トモエ学園から学び直してみよう。

① 池袋児童の村小学校[*]

　1924（大正13）年に野口援太郎（1868-1941[**]）らによって創設された池袋児童の村小学校では,「子どもを校舎に閉じ込めないで原っぱであそばせながら個性を伸ばし, 自分で勉強する子にしていく」ことが教育方針であった（宇佐美, 1983：9）。

> ＊私立池袋児童の村小学校：新教育の実験校として教育の世紀社が1924年4月, 東京市北豊島郡巣鴨町字池袋（現在の東京都豊島区西池袋3丁目）の野口援太郎の私邸に設立した私立学校。1936年7月教育の世紀社の経営困難により解散。大正自由教育の精神を, 最も純粋に追求した学校と言われている。この小学校の中学部としてスタートした学校がのちの城西学園となった。教育の世紀社は野口援太郎（帝国教育会理事・専務主事）, 下中弥三郎（平凡社社長）, 為藤五郎（元教員・ジャーナリスト）, 志垣寛（同）を同人に, 成城小学校の小原国芳, 明星学園の赤井米吉ら4人を社友に1923（大正12）年に設立。
>
> ＊＊野口援太郎：福岡県生まれ。日本の教育者。東京高等師範学校卒。1901（明治34）年, 34歳で新設の姫路師範学校初代校長となり, 自由な校風を確立した。ヨーロッパを視察して新教育思潮を吸収。帰国後, 元東北大学・京都大学学長で成城小学校校長の沢柳政太郎に請われて同氏が会長の帝国教育会の理事・専務主事となる。1924（大正13）年に「池袋児童の村小学校」を設立。児童中心主義の立場から, 子どもと教師の生活共同体的な学びの場を志向した。

　教員であった野村芳兵衛（のむらよしべえ）（1896-1986[***]）は, 児童の村小学校を「野天学校（のてんがっこう）」と呼び, 学校が子どもにとって遊びの場であり生活の場であるとした。また,「野天学校」で子どもたちが協力し合う姿を尊重し「親交学校」と呼んだ。さらに「野天学校」と「親交学校」で芽生えてくる勉強心を教室でのばそうと「学習学校」と呼んだのである。
　宇佐美承（うさみしょう）の『椎の木学校「児童の村」物語』（1983）にその様子を見てみよう。野村は算術や理科や地理といった科目からではなく, 子どもの生活ぶりを基に, 子どもたちと相談しながら学習の順番を決めていった。そのため, 児童の村小学校は, 時間割がなく, 一応は始業午前9時, 終業午後3時であるがはっきりせず, 子どもが登校した時が授業の始まりで, 下校すれば授業は終わる。また, 子どもたちは, 帰り際に明日勉強したいことを申し出た。子どもには, 先生と時間と場所を選ぶ自由があったのである。野村は, 児童の村小学校に見

る子どもの様子から，「自分が自分の主人になる。なんとすばらしいことだろう。子どもは，自分の主人になったとき，いきいきと生きて，自分からまなぼうとする。とすると，教育とは，子どもをいきいきと生かすことではないか」と学んだ。

> ＊＊＊野村芳兵衛：岐阜県生まれ。日本の教育者。岐阜師範卒。岐阜女子師範附属小訓練導を経て池袋児童の村創設に参画し，のち主事となる。1935（昭和10）年には児童の村小学校の内部に「生活教育研究会」を設け，機関誌『生活学校』を創刊した（編集主任は戸塚廉）。1936年解散まで同職を務める。戦後1946（昭和21）年，岐阜師範学校付属小学校校長に迎えられ，1954（昭和29）年，岐阜大学附属中学校主事，その後聖徳学園女子短期大学にも勤めた。

　子どもは各々好きなことをして生き生きと学び合っていくという野村芳兵衛の教育実践では，例えば，「石蹴りをしながら木の葉を数える」，「地理を知るために絵や手工をする」，「原っぱでつかまえたトンボを顕微鏡で調べる」など，現在の学校で言えば，総合的な学習を子どもと共に創り出していた。こうしたスタイル，つまり一斉授業のない，子どもたちが自ら課題を見つけて自分のペースで予定する独自学習を展開した。

　野村は，人を導くことは傲慢で軽薄と捉え，子どもを指導するという意識の上に立つ教育ではなく，子どもの内側にある心の動きに合わせた教育を目指した。だから児童の村小学校では，教師は教えることではなく，子どもたちを見守り，必要に応じてアドバイスすることが役割であった。

　子どもは生活の中で，また生活を通してあらゆることを学んでいく。日常を生きていくその経験において，子どもは自ら興味を抱き，自然や遊びや人間との関係の中で，生きる上で必要なことを学ぼうとするのである。こうして，児童の村小学校では，子どもの生活の中に教育を見出した。

② トモエ学園

　児童の村小学校の精神，すなわち自由な生活教育の考え方を受け継いだ学校として，黒柳徹子（1933- 。呼び名・トットちゃん）のベストセラー小説『窓ぎわのトットちゃん』（1981）に登場するトモエ学園がある。トットちゃんは東京都自由が丘にあるこの学園で学んだ。『窓ぎわのトットちゃん』には，自由

でのびのびした教育実践がとても豊かに描き出されている。次に，トットちゃんから見たトモエ学園の教育実践にも触れてみよう（以下，引用は黒柳，1981）。

　トモエ学園では，「さあ，どれでも好きなのから，始めてください」と，時間割はなく，教師が一日の始めにその日の課題を書き出したら，子どもはどれから始めても構わないスタイルで学習が進められていく。つまり，子どもの意志を最も尊重した学習空間が構成されていた。「この授業のやり方は，上級になるにしたがって，その子どもの興味を持っているもの，興味の持ち方，物の考え方，そして，個性，といったものが，先生に，はっきりわかってくるから，先生にとって，生徒を知る上で，何よりの勉強法」であり，一人ひとりの子どもの生活を通した学びや成長の文脈を理解することを基盤とする，子どもにとっての真の学びのスタイルであった。こうした学習方法は，子どもの特性，こだわり，難しさ等，特別な支援を必要とする場合も含めて，継続することができたのである。一人ひとりの個性を認め合い成長し，子どもの共生社会を形成する，包括的に教育を捉える見方（インクルーシブ教育[*]）が含まれていた。

　　＊インクルーシブ教育：子どもたち一人ひとりが多様であることを前提に，障害の有無にかかわりなく，誰もが望めば自分に合った配慮を受けながら，地域の通常学級で学べることを目指す教育理念と実践プロセスのことを指す。つまり一人ひとりが生かされ，一人ひとりの個性を認め合い用いながら共に学ぶというような包括的な教育理念である。

　また，授業時間内に散歩を取り入れていることも特徴的である。午前中は各々の課題に取り組み，午後は，たいがい散歩が日常であった。ある日，学校の門を出て川沿いを10分ほど歩いて，女性の教師が足を止めた。黄色い菜の花を指して，「これは，菜の花ね。どうして，お花が咲くか，わかる？」と問いかけ，メシベとオシベの話に発展する。ちょうどその時は蝶が何匹も飛び回っていて，「ちょうちょも，花を咲かせるお手伝いをしている」と，トットちゃんは観察を通して実感的に学んでいる。

　このように，トモエ学園では，子どもたちにとって，自由で，お遊びの時間と見えるこの散歩が，理科，歴史，生物の学びに結びついていくのである。教師が用意した教材や進め方によって授業が展開するのでなく，その場で出会っ

たものや場所等に心をとめ応答する，つまり実物を通して物事を発見する，知る，考えるという力が育てられていたのである。

　他にもリトミックでは，機械的に体の動きを教えるのではなく，体にリズムを理解させることから始まる。校長である小林宗作（1893-1963）が自らピアノを弾き，それに合わせて，子どもたちが思い思いの場所から歩き始める。どのように歩いてもよいのである。しかし，人の流れに逆流すると，ぶつかり，不快になるため，そのうち何となく同じ方向に，輪や一列ではないが，自由に流れるように歩くのであった。子どもが感じることを尊重している活動であった。

　　＊小林宗作：群馬県東吾妻町出身。東京音楽学校乙種師範科卒。日本のリトミック
　　研究者・幼児教育研究家。ヨーロッパで幼児教育・音楽リズムと造形リズムの関
　　係・音楽と体操の結合について研究し，日本の教育界に紹介した。1937年より，
　　自分の理想をもとに幼小一貫校のトモエ学園を設立，運営。戦後は幼稚園教育，国
　　立音楽大学初等教員の養成や附属学校の整備に尽くした。

　これらの教育の見方は，乳幼児の教育実践，例えば，幼児が見て触って匂って……などの感覚をくぐった経験が物事・事象等の理解に結びつくという視点と同様である。このようなトモエ学園の教育実践に見る，幼児期・小学校時期の接続・連携の目を持ち，子どもの学びを理解していきたい。子どもの生活の場が教育の場なのである。

（2）子ども社会の創造──戸塚廉のいたずら教育学

　ここで，ユニークな面白い教育実践家である戸塚廉（1907-2007）の実践記録が綴られた「いたずら教室」（戸塚，1977）に学んでみよう。戸塚は，子どもの「いたずら」に教育の本源的な価値の創造を見出した。

　　＊戸塚廉：教育運動家。静岡県生まれ。静岡師範学校卒。昭和戦前期の民主教育運
　　動の生活綴方運動と新興教育運動に携わった教育実践家の1人である。掛川市の小
　　学校教員を経て，1930（昭和5）年同人誌『耕作者』を創刊。1932年新興教育同盟
　　準備会に参加する。1934年より東京池袋児童の村小学校にて教育実践に入る。1935
　　年『生活学校』を主宰（1938年まで）。戦後は掛川市で『郷土新聞』『おやこ新聞』
　　を主宰した。児童の村小学校の野村芳兵衛や野口援太郎の教育実践の影響を受け民

主教育を実践した。

「いたずら」と言えば，一般的に，「役に立たないこと」「わるさ」「わるふざけ」といった誰かに迷惑をかける行為で，無益・無用なこととして捉えられている。

　しかし，戸塚は，いたずらをする子ども側に立ち，いたずらを子どもたちの興味溢れる学習，科学的真実への探求，生長の発露として，教育に携わったのである。いたずらを生長と捉えずに迷惑行為として抑制することで，子どもたちの内側から育とうとしていることが，途切れてしまう場合がある。戸塚の子どもの学びを捉える視点は，子どもの生み出すいたずらに，人間を知り社会を知る認識の源泉，苦しみと悲しみと怒りと喜びを経験する豊かな感情の源泉，生活力の源泉，道徳の源泉を見出していった。

① 豊かな観察と思考

　戸塚は，とことん子どもに向き合い，子どものいたずら心を科学的に見つめ，高く評価した。こうした見方が，子どもたちのいたずら心を，本物の学びにしたのである。例えば，戸塚は「うめぼし合戦*」「ウンコのけんきゅう」「つばめのウンコ」「ふしぎな戸**」「楽器は野にも山にも」などのタイトルを付け実践記録に残している。

　　＊「うめぼし合戦」：お弁当のうめぼしの数を競い合う子どもたちを見守りつつ，「梅干しをたくさん食べると歯が浮いてしまう」と言った子どもの言葉につなげて，戸塚が「うの字のつくもの，梅の花」と言い，子どもたちと言葉遊びが展開していく。
　　＊＊「ふしぎな戸」：自動ドアのことを聞いた子どもたちが想像し，教室の引き戸を自動ドアに見立て，戸にくぎを打ち，紐をつけ，引っ張ると戸が開くように仕掛けたことに対し，戸塚は驚き，その後昼食のお茶のおばさん，校長先生を驚かせようではないかと展開していく。

　いずれの実践も，物事を探究していく子どもたちの日常生活といたずら好奇心の中に，戸塚が科学的な芽を育てようとした試みである。例えば，学校では「道草をしてはいけません」と注意されている中，道草する子どもたちに戸塚自らが溶け込み，道草という行為に子どもたちの豊かな観察力と思考力の育ち

を見出した。また，時には戸塚自らがいたずらの仕掛け人になり，「いいウン
コおひとついかがです」と言う子どもの心（言葉）を汲み取り，ワーッという
笑いが絶えない対話に発展させていったのである。

　戸塚のいたずら教室では，大人から見ればいたずらと捉えられることであっ
ても，子どもたちは次々と自ら学んでいった。いたずら教室での経験は，子ど
もの生活の内容を理性と感性の両面から豊かにしていったのである。

② 　真実の探求と成長の発露

　また，戸塚は子どもたちが探究しあい成長していく姿を見守っていた。クラ
スメートが腎臓病にかかり，「腎臓の病には，つばめのウンコを足の裏に貼る
と治る」という迷信，言い伝えのうわさを聴いた子どもたちが，つばめの巣を
探し当てる。ハシゴを掛け支え合いつばめの巣に近寄り，つばめのフンを集め
ていった。子どもたちは，自分たちと共に学び合う仲間の命を助けたい一心で，
力を合わせて必死に向き合うのである。子ども自らの意思，ここでは一人ひと
りの声が共存し互いにつながり合い，共同体を創り出していった。子どもたち
は，つばめの巣を巡って，どのような場所に巣をつくるか，どのようにヒナに
えさを与えるか，巣は何でできているか等，探究し学ぶ共同体となっていった
のである（「つばめのウンコ」）。

　さらに，音楽の授業では，当時はシロホン（木琴），明笛（明楽に用いる横笛），
ハーモニカを用いて演奏遊びをしていた。そこで，ある子どもが明笛を持って
家に帰り，笛の穴と音の仕組みを探究し，何度も何度も音を鳴らし試しながら，
竹笛を作り上げてくるのである。その後，他の子どもたちも竹笛の穴の位置に
よる音の微妙な変化に対して強い関心を抱き，自製の竹笛が増えていき，秋の
空に竹笛が鳴り響いた。その上，戸塚は，音の原理を学ぶ理科の授業に展開さ
せた。茶碗に水を入れ，棒で叩いて楽器にした。子どもたちは，水の分量の差
による低音と高音を感得し，曲を鳴らしたのである（「楽器は野にも山にも」）。
他にもいたずら教室では，日々の生活から自己を見つめて，日記やカルタにし
て，言葉を綴る活動もあった。

　このように，戸塚のいたずら教室では，子どもの経験を通した内側から湧き
上がる興味・関心が授業の中で連続していった。子どもが実際に生活する場所
で楽しみ，意味を見出す生活経験が得られる場所であった。自己を表現し，互

いの個性を認め合う包括的な教育が創り上げられていた。つまり子どもから出発し，子どもの遊びと学習が一体となる創造活動が展開していったのである。戸塚は，「いたずら」には，自己を認識し，生活を取り巻く社会を認識することに直結した学びがあると捉えていた。いたずら教室では，子どもを取り巻く社会がもつところの教育力を組織し，子どもの自由な発想から自由を創り出す教育を組織していったのである。

　ここまで，大正から昭和戦前にかけての日本の教育現場で実践されてきた一部を取り上げてきた。いずれも，生活の中で生きる子どもを尊重し，生きていく中で，子どもたちが感じたこと，興味を覚えたこと，内側から湧いてくる欲求，学ぶ意欲を伸ばしていくことであったと言える。このように，自分を表現すること，内側にある心の叫びを表に表す実践である生活教育や生活綴方教育が戦後にも展開されていった。たとえば戦後すぐ，山形県山元村で綴方教育を実践した無 着 成 恭（1927-2023）の，生徒に生きている現実社会を見つめさせ生活実感を掘り起こし，学習を深めていく取り組みなどが挙げられる。この授業スタイルは，世界的に広がっていた自由教育，児童中心主義教育の潮流の中にあった，アメリカのデューイの実験学校，パーカストのドルトン・プラン，フランスのフレネ学校などと同様に，日本の教育者たちが子どもと向き合い，内面を開き，動き出すような環境や方法を生み出してきたものである。

3　教育への希望

（1）出会いが学び──林竹二の授業論

　現代社会では，子ども主体の自由な授業方法を実践できるのか。

　学校でのテストや受験競争をくぐりぬけることが先行した骨抜きの学校教育では，子どもたちは，学校で良い成績をとることだけが関心事になって，学ぶ意志と能力を失っていく。教育にとっても人間にとっても心豊かさは喪失されてしまう。形式だけ整えて満遍なく子どもを指名するような授業は実質的に深まらない。クラスづくりそのものが必要となると指摘した 林 竹 二（1906-1985）[*]の授業論に触れておきたい。

＊林竹二：栃木県矢板市生まれ。日本の教育哲学者。東北学院に学んだ後，1934（昭和９）年東北帝国大学法文学部哲学科（旧制）を卒業。戦後間もなくして，復員軍学徒のために私塾を開き，８年間，ソクラテス，プラトン，『論語』，『資本論』等の講義を継続した。1953（昭和28）年より東北大学教育学部教授。教育史を担当し，森有礼について研究した。また，斎藤喜博の教育実践に影響され，全国各地の学校を巡回し，自らソクラテス的な対話重視の授業実践を試みた。1969（昭和44）年，全国的な大学紛争の中，宮城教育大学第二代学長に就任。

　林は，授業は出会いであり，その出会いが学びであるとした。林によれば，深さのある授業を求め実践し，「授業が成立する」とは，１つのクラスを構成する子どもたちが共に一体となり，授業の中に入り込んでくる状態を指し示した。それは，単に知識の伝達・注入式ではなく，自分自身との格闘を含み，自分がこうだと思い込んでいたこと（経験）が，教師の発問という出会いによって揺らぎ出すことである。例えば，教師の問いかけや発問という出会いに，自分の無知を悟る子どもは大きな喜びを感ずるようになるという。そうでないと，子どもの判断能力が自ら形成されず，子どもは常に外部の情報に操作された借り物の知識が，自分の考えた意見であるように錯覚して囚われてしまう。

　だから，授業とは一定の事柄を教え込むことではなく，１つの教材を媒介として徹底的に向き合う（出会う）こと，すなわち子どもの心の中に動いているものを探っていくことであり，子どもが深いところにしまい込んでいる宝を探っていき，それを探り当てたら次にその宝を掘り起こすことに全力を挙げることが教師の仕事の創造性であるとした。例えば，教師が感銘することは，作文の力ではなく，それを書いた子どもが心を開いて，授業の中に深く入り込んだ場合のみである。授業のなかへ引き入れられ，夢中になって問題を追いかけるような参加が，真の出会いであり，学びであるとした。

　さらに，林は，「授業が成立している」クラスには，教師と子どもの間の信頼関係だけではなく，子どもたち同士の間に，虚心にものを言い合い，かつ聞く訓練と雰囲気が必要とした。

（2）学び合う教室――金森俊朗の教育観

　次に，林竹二と同様にクラスづくりを基盤とした教育実践家である金森俊朗^{かなもりとしろう}＊

（1946-2020）に学びたい。例えば，金森の国語の授業では「包」という漢字の語源を辿る際，母子（妊婦）の姿を用いて子どもたちと掛け合い確かめながら，お腹の中にいる赤ちゃんが包まれ安心している被包感を感じ合い共通のイメージの中で「包」という意味を含めて文字を認識する。これが，子どもと金森が実感的に学び合う教室のスタイルである。金森の授業は，常に命と生きることに向き合う空間が保たれていることが特徴である。金森の授業は，学び合う教室である。

図2-1　金森俊朗

出所：金森・辻（2017）『学び合う教室』KADOKAWA より。

　金森の学び合う教室では，「手紙ノート」という子どもが思ったこと感じたことをそのまま綴り，クラスで発表し，クラスで共有する生活綴方の精神が生かされている。時には，自分自身をしっかり見つめ直す機会を与え，子どもが本心を言葉で語り合う場を大事にしてきた。

　＊金森俊朗：石川県能登（旧中島町）生まれ。教育実践家。金沢大学教育学部卒業後，小学校勤務38年を経て，2017（平成29）年まで北陸学院大学教授。石川県民教育文化センター理事長，日本生活教育連盟拡大常任委員等歴任。「仲間とつながりハッピーになる」という教育思想をかかげ，人と自然に直に触れ合うさまざまな実践を試みる。1980年代より本格的にいのちの教育に取り組み，1990（平成2）年には末期癌患者を招いて日本で初めての小学生への「デス・エデュケーション」を実施し，大きな注目を集める。その教育思想と実践は，教育界のみならず医療・福祉関係者からも「情操教育の最高峰」と高い評価を受けている。2010（平成22）年，ペスタロッチー教育賞受賞。2012（平成24）年にはオランダに招かれて講演した。

　本項では，金森俊朗のドキュメンタリー「涙と笑いのハッピークラス〜4年1組　命の授業〜」（NHKスペシャル「こども　輝けいのち」第3集，2003年5月11日放送）の，子ども自らの本心と向き合う場面に着目する。

　6月のある日，クラスで友達を見下す，からかう，軽蔑するというような動き・雰囲気を感じ取った金森は，即座に授業を話し合いに変更して，友達への態度を振り返ってもらう時間を提供する。金森は，「みんなの心の中にある，

友への軽蔑」と板書した。ところが，子どもたちは，「みんなが，……」「私も思ったんだけど，○○さんと同じで，……」というように，「私が……」と自分のことではなく，他人事として，人を中傷することは良くないこととして述べるだけにとどまる。こうした子どもたちの姿勢を，金森は「きれいごとで，ごまかすつもりか，君たちは」と激しく叱責したのである。

　　人のことばっかりや̇が̇い̇や̇（方言「じゃないか」）。自分がやってたよって誰も言ってないじゃないですか。かっこよすぎるんだよ。

（同放送での金森の言葉。（　　）内は筆者）

　金森は，自分の内側にある醜さと向き合うことを強く求め，自分がうわさを広めたり，止めなかったりする，それぞれの弱さと対峙させた。その後，子どもたちは，自分のことを自分で語り始めた。悪口を言ってしまったことの省察，悪口をなぜ口にしたのか，本当は悪口を言われたくないから，周りに流されてしまったことの悔いなど，自分の言葉（一人称での語り）になった。こうして，子どもたちは，出来事を自分と結びつけて，自分事として考えられるようになっていく。

　金森は，子どもの学ぶ姿勢を大事にした。だから，子どもたちの正直な姿を求めたのである。金森の学び合う教室は，「つながりあってハッピーになる」ということを子どもも金森も共有しクラスを創り上げていた。自分をわかってもらい，友だちをわかる，すなわちわかり合う努力（心を通わせること）が学び合う教室を創った，と言えよう。

4　共育・響育・協育

　子どもは自ら学ぶ力を持っている。その力によって，成長する。教育とは，教育を施す（支える）側と学ぶ側が共に創り出す共育である。学ぶ側が主体であり，出会い（内的促し）による成長を促す響育である。さらに，自分がわかり，友もわかり，わかり合いつながり合う協育である。本章で取り上げた，歴史的教育遺産の実践と，学びを豊かにすることの意味や見方について，問い直

してほしい。

参考・引用文献

デューイ（2013）市村尚久訳『学校と社会・子どもとカリキュラム』講談社学術文庫。

フレーベル（1960）岩崎次男訳『世界教育学選集　人間の教育 1』明治図書，26〜44
　　頁。

フレーベル（1972）岩崎次男訳『梅根悟・勝田守一監修　世界教育学選集　幼児教育
　　論』明治図書，42〜56頁。

広岡義之（2014）『教育の本質とは何か――先人に学ぶ「教えと学び」』ミネルヴァ書
　　房。

広岡義之（2015）『森有正におけるキリスト教的人間形成論――人間の在り方と信仰』
　　ミネルヴァ書房。

金森俊朗・辻直人（2017）『学び合う教室――金森学級と日本の世界教育遺産』
　　KADOKAWA。

黒柳徹子（1981）『窓ぎわのトットちゃん』講談社。

モンテッソーリ（1970）坂本堯訳『人間の形成について』エンデルレ書店，88頁。

森有正（1975）『古いものと新しいもの――森有正講演集』日本キリスト教団出版局，
　　140頁。

野村芳兵衛（1974）「私の懐ふ新教育」『野村芳兵衛著作集』黎明書房。

戸塚廉（1973）『小先生の発見　いたずら教育学』栗田出版会。

戸塚廉（1977）『日本の子ども文庫 2　いたずら教室』講学館。

戸塚廉（1978）『いたずらの発見』双柿社。

辻直人・熊田凡子（2018）『道徳教育の理論と指導法――幼児期から中学校期まで』
　　ヴェリタス書房。

宇佐美承（1983）『椎の木学校「児童の村」物語』新潮社。

（熊田凡子）

第 3 章

西洋の教育の制度と思想の歴史

1　古代ギリシア時代の人間観と教育思想

（1）アテネのヒューマニズム（人文主義）教育

　紀元前20世紀から12世紀頃にエーゲ海沿岸付近に定住したギリシア人は，紀元前10世紀頃からポリス（polis）すなわち都市国家を形成するようになった。すでに初期ギリシア時代には，民族性も生活形態も異なった二つの代表的なポリスが存在しており，一方はドーリア人の形成した厳格で貴族的な軍事国家「スパルタ」で，他方はイオニア人の自由で民主的な法治国家「アテネ」である。

　ギリシアのポリスの第一の型はアテネによって代表され，厳格そのものであったスパルタに比べて，個人が尊重されそこから独自の精神文化を成立させていく。アテネのポリスでは，「人格の円満な発達」を目的とする教育が展開されており，そこでは人間中心のヒューマニズム（人文主義）の調和的発達が前提とされていた。その意味でアテネは，デモクラシーの国家を世界で最初に建設した民族であると言えるだろう。スパルタ人が力を重んじたのに対して，アテネ人はヒューマニズム（人文主義）と正義と自由を重視する国民だった。

（2）スパルタの教育

　ドーリア人の形成した軍事国家＝スパルタは，厳格そのものであり，権力優先主義であり，リュクルゴス法により，生まれてから30歳の成人に至るまでを公舎で暮らし，戦士として鍛えられた。個人はあくまでも国家のために存在するという考え方で貫かれていた。プルタルコス（英プルターク，Plutarchus，48

頃 -120頃）の『英雄伝』に記されている「リュクルゴス（Lycurgos）の法」によれば，生まれた子どもは厳しく審査され，健康な者のみに生きる権利が認められ，それ以外の子どもは抹殺された。

（3）ソフィスト

　ソフィストとは，紀元前5世紀頃のギリシアで，人々に知識を授けて礼金をとる一種の啓蒙家で，どちらかといえば，古くからのギリシア人のしきたりに囚われる必要の無い新しい都市の出身者で，アテナイ市民からみると外国人である。「人間は万物の尺度である」の言葉で有名なプロタゴラス（Protagoras, BC590頃 -BC520頃）は，ソフィストの代表者で，プラトンの対話篇の題名になっているほどである。プロタゴラスはしばしばアテナイを訪れ，高額の授業料をとって多くの弟子を養成し，プラトンはソフィストたちを知識の商人とみなしソクラテスと鋭く対立させた。そのような状況下で，アテナイ市民の誇りをもち，アテナイ市の救済を，若者の道徳的救済を通じて行おうとして登場したのが，ソクラテスおよびその弟子たちだった。

（4）ソクラテス

　紀元前5世紀のアテナイで活躍したソクラテスは，自分の生まれや地位，名誉，外見など，世俗的な事柄には無関心だった。当時のアテナイの人々と自由に交わり，特に若い人々と語ることを愛して，「善く」生きることの吟味と実践に一生涯を費やした。ソクラテスは，その一生の仕事として人々に「無知の知」を気付かせることに専念した。子どもを「善く」するということはソクラテスにとっては，子どもを不断にこの「無知の知」をもって，しかも「善さ」に向かって生きるようにさせることだった。ソクラテスの認識論的自己反省である「無知の知」とは，自分の無知を自覚することが真の知に至る出発点であるということである。また，ソクラテスは鋭い質問によって議論の相手を自己矛盾に陥らせ，相手に自分の無知を自覚させることによって真理の探求に導いた。この方法はソクラテスの「問答法」あるいは「産婆術」と呼称されている。

図3-1　ラファエロ「アテネの学堂」
バチカン美術館。

（5）プラトン

　古代ギリシアに生まれた哲学者で教育者のプラトンは，アテネの名門の家で育ち，若き日から政治家を志望していた。しかし20歳頃から，すでに老人となっていた哲学者ソクラテスに師事することとなり，思想家としての修練を積んでいく。プラトンは，私塾「アカデメイア」を開き，上流階級の知能優れた青年に哲学を教えた。教育的主著は『ソクラテスの弁明』『国家』『饗宴』『法律』『メノン』などで，それらはすべて他人の対話の形で記されている。

　プラトンは，哲学と学問を国家生活の重要な主導者または最高教育力として，哲学者が国家の政治家となるか政治家が現実の哲学者となるかによって，国家は善く運営されると強調した。

（6）アリストテレス

　プラトンの思想は，形而上学的深淵さと思索的鋭意を顕著にし，教育思想史上，偉大な理想を構想した。それに対して，アリストテレス（Aristoteles）の思想は，冷静で公平無私な現実感覚，驚嘆すべき探求精神，資料収集への熱意が特記されるべきだろう。アリストテレスの影響力は，歴史的にはプラトンよりも遥かに強力で，イスラム世界からキリスト教世界にまで及んでいく。

　プラトンの学園「アカデメイア」に学んだアリストテレスは，プラトンの理想主義の哲学とは反対に実際的で現実的立場をとり，いままでの知識の全体を統合しようとした。後にアテナイの郊外に学園「リュケイオン」を開設した。主著『政治学』『ニコマコス倫理学』『形而上学』などで教育思想を論じた。彼の学派は学園の歩廊（ペリパトス）を逍遥しながら高弟たちと哲学論議をしたことから「逍遥学派」と呼ばれている。

（7）人間中心のヒューマニズム（人文主義）の調和的発達

　スパルタやソフィスト等の例外はあるものの，古代ギリシアの主たる特徴は，「人格の円満な発達」を目的とする教育が展開され，そこでは人間中心のヒューマニズム（人文主義）の調和的発達が前提とされていた点にある。ギリシア彫刻の「ポセイドーン」も，人間の調和的発達を示す力動的な肉体で表現されている。ギリシア時代の建築についても人間中心のヒューマニズムを象徴する「横に広がる」建物が主流である（中世になると神を賛美する意味で「縦に伸びる」教会に変化していく）。ここでは便宜上，ギリシア時代の建築の代表であるパルテノン神殿を「横のベクトル」の図形で表現することにする。これは中世の神中心の教会等を縦のベクトルの図形で表現することと対照的に示すためである。

**図3-2　ギリシア彫刻「ポセイ
　　　　ドーン」**

人間の調和的発達を示す力動的な肉
体表現。出所：筆者撮影。

図3-3　パルテノン神殿

水平のベクトル。出所：筆者撮影。

2　古代ローマ時代の人間観と教育思想

（1）国家建設等に秀でた実用的なローマ民族

　ローマはギリシアに比べて法学，農業，土木等の実際的技術に秀でていた。しかし他方でローマは文化・思想面でギリシアを超えることはできず，その多くは模倣に終わった。ローマ時代は紀元前8世紀頃におこり，紀元476年の西ローマ帝国の滅亡とともに終焉した。ギリシアの教育が特にその文芸的，哲学的，教養的なものの発展によって世界に貢献したのに対して，ローマの主たる関心は客観的で実用的・実科的な生活の実現に向けられていた。彼らは国家建設に秀でた民族で，たとえば土木建築等の実用面に優れ，各地に道路・水道

図3-4　パンテオン神殿

図3-5　コロセウムと凱旋門
出所：筆者撮影。

図3-6　ローマのカラカラ浴場
出所：筆者撮影。

を敷いたほか，闘技場（コロセウム）・浴場（カラカラ
浴場）・凱旋門など，壮大な公共建築物を建設した。
ローマ時代は，基本的にはギリシアの人間中心主義で
構成されており，ローマ時代の建築物もまた横のベク
トルで象徴されると言ってよいだろう。

図3-7　キケロ

　「総ての道はローマに通ず」（ラ゠フォンテーヌ『寓話
集』の言葉）が示すように，ローマ帝国の全盛期には，
世界中の全ての道がローマに通じていたことから，物
事が中心に向かって集まることのたとえとされていた
言葉が今日まで伝えられるほど，ローマの土木建築能力は優秀であった。

　ローマ帝国はまた法体系の整備にも力を注ぎ，その点で確かに創造的で偉大
な業績を残した。しかし，文芸，学問，芸術，哲学の領域での貢献度はギリシ
ア時代と比べると微量であった。

（2）ローマの教育思想の代表者，キケロとクインティリアヌス

　ローマ共和制時代の終末期頃に活躍したキケロ（M. T. Cicero）は，教養豊か
な政治家，輝かしい雄弁家，著作家であるだけでなく，哲学者，教育理論家と
しても活躍した。主著の『雄弁家論』に見られる人文主義教育の主張は，文芸
復興期以後の教育論の源流となるだけでなく，また彼の文章はラテン文の模範
とされた。

　帝政時代の重要なローマの教育学的理論家クインティリアヌス（Quintilianus）
は，スペインで生まれ，ローマで法律家の修業をした後，ローマで修辞学校を
開いた。知識と道徳の統一者であり，実際の教職経験に基づく『雄弁家の教
育』が代表的著作であり，彼はローマ帝政時代の勅任雄弁論講師（国の補助金
を下付された修辞学教師）だった。

3　中世のキリスト教と教育思想

（1）　中世の幕開け＝国教としてのキリスト教の成立

　ヨーロッパの中世は，およそ4世紀末葉から14世紀までの約千年間を指し示

す。中世は313年のローマ帝国のキリスト教公認および375年のゲルマン人の大移動をも包含するキリスト教文化と封建体制（領主が農民を支配する社会体制）の社会だった。その千年間の長い中世を経て，必然的にヨーロッパにおけるルネサンス（Renaissance）と宗教改革（Reformation）が起こり，近代の夜明けが始まり，新しい人間像が誕生してゆく。

　ローマ帝政の初期に，パレスチナではヘブライ人の一神教から発展したユダヤ教が信仰されていた。イエスの教えに源を発するキリスト教は，そのユダヤ教を母体として1世紀頃に起こり，4世紀末にローマ帝国の「国教」となった。キリスト教の教えはユダヤ教と袂を分かつものでもあり，その根本信条はイエスをキリストと信じることにおいて永遠の生命を得ることができるとされていた。

　このイエスの教えは，彼の昇天後，「喜びの福音」としてユダヤ社会だけでなく，広くヨーロッパやアジア等の各地に伝道されていく。そして時代の推移とともに，やがてキリスト教も組織化され始め，ヨーロッパ諸国のオフィシャルな宗教に発展していく。たとえば，パリ中心部のシテ島にあるノートルダム大聖堂は1163年に建造が開始され，ゴシック様式を代表する寺院として知られ，1991年には世界遺産として登録されている。このキリスト教を代表する寺院が建造される以前のローマ時代には，ローマ神話の最高神ジュピター（ゼウス）の神域であったことからも，中世がキリスト教を中心とした時代であったことが如実に理解できる。

（2）ロマネスク様式とゴシック様式

　ロマネスク様式は，10世紀末から12世紀のヨーロッパで展開された芸術様式で，教会堂は石造天井を基本とし，後のゴシック様式ほどはまだ尖塔アーチ等の上昇感は強調されていない。ロマネスク様式に次ぐゴシック様式は12世紀中葉に北フランスに始まり，ルネサンス期に至るまで全ヨーロッパに浸透した芸術様式で，これによってキリスト教の教会堂の規模を大きくし，尖塔アーチの使用と大小の塔による上昇感を強化し，神への信仰をより強調することが可能となった。ゴシック様式としてはパリのノートルダム大聖堂やロンドンのウエストミンスター寺院，ドイツのケルン大聖堂が有名である。こうして神を賛美

図3-8　ロマネスク様式

マリア・ラーハ修道院。垂直のベクトル。

するために，教会の尖塔はキリスト教の高
まりとともに高くなっていった。垂直のベ
クトルがそれを象徴する。中世初期のロマ
ネスク様式では尖塔はまだ萌芽的であるが，
キリスト教の勢いがもっとも強くなったゴ
シック様式では，尖塔は天高くそびえるよ
うになる。

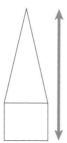

図3-9　ゴシック様式

ケルンの大聖堂。垂直のベクトル。

（3）中世の教育制度と教育

　古代と近代の架橋である中世は，4世紀
末葉のゲルマン民族の大移動による西ローマ帝国の滅亡（476年），フランク王
国の建設（486年），神聖ローマ帝国の成立（962年）等を経て，12世紀に至って
統一的な「封建社会」が成立した。農村における共同体の成立，都市文化の発
達，国王や諸侯による封建体制の確立など，これらすべてを一貫して支えてい
たのがキリスト教の信仰と教会の体制だった。

　中世の教育で中等以上の学校のカリキュラムの中核に位置した教科目を「七
自由科」といい，文法・論理学・修辞学の三学科と，算術・幾何・天文・音楽
の四学科に分かれて成立していた。

4　ルネサンス・宗教改革の人間観と教育思想

　中世社会はカトリック教会の権威と封建制度によって抑えられており，カトリック教会を通じて千年間の長い時を経てヨーロッパにおけるルネサンスと宗教改革が起こった。

（1）ルネサンスとヒューマニズム（人文主義）

　ルネサンス（Renaissance）には，中世に存在しなかった世界観や人間観としてヒューマニズム（人文主義）が生じた。中世のように神が中心（したがって人間の肉体には価値が見出されなかった，中世の三美神を参照のこと）の社会生活ではなく，この世に生きる人間に最高の価値が置かれた。ルネサンスは歴史上14〜15世紀から16世紀前半に生じた文化的傾向の総称で，古代ギリシア・ローマの文学・芸術の再生運動だった。ルネサンスの特徴の一つは，中世にはみられなかった新しい世界観・人間観としてのヒューマニズム（humanism），すなわち人文主義である。それは現世に生きる人間を中心とする世界観・人間観であり，中世のような来世に救いを求める宗教的・教会的世界観とは大きく異なっていた。

**図3-10　ダビデ像
（レプリカ）**

均整のとれた美しい肉
体。出所：筆者撮影。

　ルネサンスは当時の新興階級である商工業者や貴族などの上層階級の間に拡大した運動であったので，ヒューマニズムや人文主義的教育もまた，一般庶民のものではなかった。それゆえ人文主義的教育は，第一に，幅広い教養を身に付けることを教育の目的とし，キケロやクインティリアヌスなどのローマの古典，あるいはホメロス，プルタークなどのギリシアの古典が重んじられた。第二に，ヒューマニズムの教育は，人間尊重の立場から個性ある人間形成をめざし，幅広い教養と同時に強健な身体をつくりあげることを重視した。中世の教育が体育を軽視したのに対して，ヒューマニズムの教育は人間の均整のとれた美しい肉体の発達を人間の理想の一部と考えた。

（2）ルネサンス期の代表的教育者

　15世紀のイタリアにおけるルネサンス期最大の人文主義者と言われているヴィットリーノ（Vittorino da Feltre）は，1423年にマントア侯の設立した宮廷学校「楽しい家」の教育に従事し，彼の人格の影響は，校内のすみずみにまで浸透した。なぜなら

図3-11　ボッティチェリ「春」
ウフッチ美術館。出所：筆者撮影。

彼は寄宿舎で生徒と生活をともにして，そこでヒューマニズム（人文主義）教育を徹底的に実践したからである。

　エラスムス（S. D. Erasmus）は，オランダ生まれの北欧最大の人文主義者として有名で，ギリシア・ローマの古典に精通し，多彩な文化活動を展開した。彼はキリスト教教会の形骸化や聖職者の腐敗を鋭く批判し，ルネサンスの人間解放を明示しつつ，伝統的教育を否定し，遊びながらの楽しい学習を提唱した。主著の『愚神礼讃（ぐしんらいさん）』（1509年）は，中世に対するヒューマニズムの批判精神を代表するものであった。たとえば『愚神礼讃』の挿絵にはホルバイン作の「鞭（むち）打

古代の三美神

中世の三美神

ルネサンスの三美神
ボッティチェリ「春」部分。

図3-12　三美神の比較

　ルネサンスは古代ギリシア・ローマの芸術への回帰なので両者は共通する。他方，中世は人間の肉体を軽視したため，衣が着せられ，肉体の豊かさに欠ける。

図3-13　エラスムス

ちする教師」が描かれている。エラスムスはこれを厳しく批判して，鞭でおどしつけて子どもに言うことを聞かせるのではなく，愛情や説得で子どもの心に訴えかけることが自由人としてふさわしい教育方法であることを指摘した。教育に関する著作としては『学習法論』（1511年），『幼児教育論』（1529年）などがあり，ヒューマニズムの根本原理が説かれており，わけても幼児期の学習は楽しい学習が求められた。彼のヒューマニズムは子どもの奴隷化を鋭く批判し，子どもを自由な独立した人格として認めた点で，史上初の子どもの人権宣言とも言える。

（3）ルターの宗教改革と教育思想

　イタリアを中心とする南欧のヒューマニズムは，個人の教養の形成に重きが置かれたため，芸術的な面でのルネサンスとなった。それに対して北欧のヒューマニズムは社会的人文主義として社会の宗教的・倫理的改革をめざす運動となり，これがいわゆる宗教改革（Reformation）へとつながっていく。特にドイツにおいてはこうした改革運動が生じる政治的・経済的土壌がすでに存在していた。16世紀の初頭，ドイツは諸連邦に分裂し，特に政治的統一性が喪失され，そのためにローマ教皇の搾取が強烈だった。たとえば当時のドイツの富の七割は教会や修道院に属するといわれ，ローマ・カトリック教会の腐敗は，やがてドイツの人々の反感を買うことになっていく。こうした背景のもとで，

図3-14　ルター

ローマ教会の改革に乗り出したのが，1517年に始まるルター（M. Ruther）の宗教改革であった。

　ローマのサン・ピエトロ大寺院建設のために資金を集める目的で「免罪符」が販売され，その購買により信者の罪が許されると宣伝した。しかしルターはこれに反対し，1517年10月31日に95か条の提題をヴィッテンベルグの教会の扉に掲げて宗教改革に踏み出した。「人は信仰によってのみ義とされる」ことが彼の主張の原理であったからである。教育的主著として初等教

図3-15　ローマのサン・ピエトロ大寺院
手を振るローマ法王（右）。出所：筆者撮影。

育のテキストとして『教義問答書（カテキズム）』を著した。また公教育制度について，国家が学校を設立し，すべての男女に無償の普通教育を受ける義務と権利を求めていった。

5　17世紀バロックの精神とコメニウス

　17世紀のヨーロッパの教育思想は，コメニウスを代表とするバロックの思想とリアリズムすなわち実学主義教育として特徴づけることが可能である。実生活で役に立つ教育を重んずると同時に，「バロック」（Baroque）というルネサンス様式への反動として生じた17世紀の美術を含む幅広い精神活動もまた活発

図3-16　フランスのヴェルサイユ宮殿
（垂直＋水平）÷2＝バロック波動形。

**図3-17　ヴェルニーニ
の天蓋**

バロックの代表作。出
所：筆者撮影。

に展開された時代でもある。

（1）バロックという時代精神

　バロックとは，ルネサンス様式への反動として生じた17世紀の美術を含む精神活動であり，ルネサンスの調和・均整・完結性に対して，流動感に満ちコントラストに富んだ生命力と情熱の表現をその特徴とする。ボルノーに従えば，偉大な秩序がありこれがすべての存在を自然であれ人間であれ同様に貫き通し，すべてを同じ法則で形成しているというバロックの形而上学的意味において，バロックの教育思想家コメニウスは確信していた。つまり「バロック」とは，超越的な神をめざす「垂直軸」を象徴する中世のキリスト教精神と，人間中心主義（ヒューマニズム）をめざす「水平軸」を象徴するルネサンス的精神が激しく波動状にぶつかり合い，そこに生じた新しい時代精神として，バロックが位置づけられる。

（2）バロックの代表的教育思想家コメニウス

　人生最高の目的つまり教育の究極の目的は，「近代教授学の祖」であるコメニウスにあっては神と一つになって来世において永遠の浄福を獲得することであった。現在の生活はその準備にすぎず，それゆえに人は現世において，あらゆる被造物のなかで，理性的（知的）な者，被造物を支配する者，つまり造物主の似像とならねばならないとコメニウスは考えた。

　彼は，教育目標を「有徳」と「敬信」とし，それに至る手段として「汎知（パンソフィア）」の会得を提言した。そのための教育方法が主著『大教授学』（1628）における，自然界の諸法則の模倣だった。また『世界図絵』（1658）は「直観」によって「全知」を獲得するという原理に基づく世界最初の絵入り教科書として有名である。『世界図絵』は，ラテン語でオルビス・ピクツスといい，コメニウスが1658年に著した世界で最初の絵入りの教科書として有名である。絵図によって外界の事物を子どもたちに直観させつつ同時に言語を学ぶことができ，絵図の後にラテン語とドイツ語で説明されている。

図3-18　コメニウス

右はコメニウスのハイデルベルグ大学神学部への登録（1613-1614）を証明する記念銅板。出所：筆者撮影。

　コメニウスは，現実の混乱は，知的，道徳的，宗教的な無知によるものと考え，そこであらゆる事物の秩序や連関を統一しようとする「汎知」に理想をみた。それは広範な知識を体系的に教示しようとするものでコメニウスのこの思想は，「ことば」や「知識」を介して，人々の生活を「神」に少しでも近づけるという点で「汎知主義」（パンソフィア）と呼ばれている。

　またコメニウスの「直観教授」とは，直観による教授で実物教授とも呼ばれ，コメニウスは，実物の直観から言語的説明に移行するという考えを示した。実物の提示が困難なときには絵図による理解が重要との見地から，先述した世界で最初の挿し絵入り教科書『世界図絵』が完成した。さらにこの直観教授の考えは後にルソーやペスタロッチへと継承されてゆくことになる。

（3）コメニウスの教授法

　コメニウスの主著『大教授学』は，自然通りの厳密に体系づけられた教え方を扱ったものである。本書の冒頭では「あらゆる事物をあらゆる人々に教え，しかも決して失敗することのないように，確実にこれを教える所の，全き教授法を提唱しようとする」と述べて，汎知主義の方向性を提示している。偉大な秩序があり，これがすべての存在を同じように貫いていて，すべてを同じ法則で形成しているということを，大きなバロックの形而上学〔絶対的な存在を考究する学問〕の意味でコメニウスは確信していた。こうしてコメニウスは具

表3-1　建築様式と人間観

時代区分	紀元前5〜8世紀		4〜13世紀	
	古代ギリシア	古代ローマ	中世（ロマネスク）	中世（ゴシック）
一般的特徴	人間中心のヒューマニズム（人文主義）	土木建築に秀でていた 基本的にギリシアを踏襲	キリスト教中心の文化・社会	
建築様式	 水平のベクトル（人間中心）	 水平のベクトル（人間中心）	 垂直のベクトル（神への志向が始まる）	 垂直のベクトル（神への志向がさらに高まる）
	・パルテノン神殿	・コロッセウム ・パンテオン神殿 ・舗装された街道「すべての道はローマに通じる」	・マリア・ラーハ修道院	・ミラノ大聖堂 ・ノートルダム大聖堂（パリ） ・ケルン大聖堂
人間観	人間の肉体に価値が見出された。 ・古代の三美神（ふくよかな肉体）		人間の肉体は軽視された。 ・中世の三美神（衣でおおわれ，ふくよかさのない肉体）	

体的に，簡単なものから複雑なものへ，全体的なものから各部分に及ぶ教授法を組み立てた。

　さらに教育史上，最も影響のある著作の一つ，『世界図絵』は，聖書についで長い間ヨーロッパに広められたものである。これは大きな絵入り読本であり，これにより子どもたちに，言葉と事物とを並行して同時に教授することができた。たとえば，靴屋が一つひとつ示された道具類の助けによって，革から靴やスリッパなどを完成するという仕組みが一目瞭然に理解できる。しかしながら『世界図絵』の本当の偉大さは，次の点にある。コメニウスはたんに子どもたちに個々の知識を与えるのではなく，秩序ある全体としての世界を子どもの眼

14～15世紀	17世紀
ルネサンス	バロック
古代ギリシア・ローマの文学・芸術の再生運動	「超越的な垂直軸を象徴する中世のキリスト教精神と，人間性を重視する水平軸を象徴するルネサンスが激しくぶつかり合い，そこに生じた新しい時代精神」（ボルノー）
水平のベクトル（人間中心）	（中世＋ルネサンス）÷2＝バロックの波動形
・ローマ・カトリックの総本山サン・ピエトロ大聖堂 ・ダビデ像（ミケランジェロ）	・ヴェルサイユ宮殿
古代ギリシアの価値観を再評価し，人間の肉体に価値が見出された。 ・ボッティチェリの「春」に描かれたルネサンスの三美神（ふくよかな肉体）	

の前に提示して，子どもに秩序ある世界像を与えることを強く願った。それゆえこの本は，すべてのものの絶対的な始まりとして「神」の図表が最初に置かれ，次に「世界」の図が続き，さらに神の創造の順序にしたがって，鉱物，植物，動物の世界が現れ，最後に人間が登場するようになっている。ドイツの文豪ゲーテ（J. W. v. Goethe, 1749-1832）は自伝の『詩と真実』（1833）のなかで，少年時代を振り返り，子どものための書物は当時『世界図絵』以外には存在しなかったと述べていることからも，本書がいかに長く愛読され，読み継がれてきたかが理解できる。

参考・引用文献

荒井武編著（1993）『教育史』福村出版。

ボルノー（1988）浜田正秀訳『哲学的教育学入門』玉川大学出版。

ブレットナー（1968）中森善治訳『西洋教育史』新光閣書店。

広岡義之編（2021）『教職をめざす人のための教育用語・法規　改訂新版』ミネルヴァ書房。

広岡義之・津田徹（2019）『はじめて学ぶ教育の制度と歴史』ミネルヴァ書房。

川瀬八州夫（2001）『教育思想史研究』酒井書店。

教師養成研究会編著（1999）『近代教育史』学芸図書。

長田新監修（1981）『西洋教育史』お茶の水書房。

小澤周三ほか（1997）『教育思想史』有斐閣。

Albert Reble（Hrsg.）*Geschichte der Pädagogik*, Ernst Klett Verlag Stuttgart 20Auflage 2002.（レーブレ（2015）広岡義之ほか訳『教育学の歴史』青土社）

皇至道（1981）『西洋教育通史』玉川大学出版。

山崎英則ほか編著（2001）『西洋の教育の歴史と思想』ミネルヴァ書房。

（広岡義之）

第4章

教育学の成立——子ども観の変遷

　本章は，世界における教育・保育に大きな影響を与えた教育思想家ルソー，ペスタロッチ，オウエン，フレーベル，エレン・ケイ，デューイの子ども観や教育観について，彼らの言及に基づき，教育思想史から見た教育学の成立過程について検討する。彼らの子どもの主体性を尊重し，子ども自らの学びを重視する教育思想が，現代教育を支える考え方に通底しているのではなかろうか。当時の社会状況を見つめ直し，教育および社会を新しく改革してきた教育思想家らの教育を支える精神について考察する。

1　ルソー——「子どもの発見」と教育学の誕生

（1）18世紀後半当時の子どもたち

　まず，18世紀後半のヨーロッパの社会状況，特に子どもの存在の捉え方や扱い方について当時の実態に取り上げることとする。子どもたちは，どのようにして過ごしていたのだろうか。当時は，貧しく毎日暮らしていくだけで精一杯の家庭が多く，裕福な家庭はごく一部で，ほとんどの子どもが生まれても自分の家で育てることができないため，子どもは2歳になるまで遠く離れた田舎の乳母にお金を払って預けられることが多かった。しかし，その乳母も貧しいため，農業などの仕事しながら子どもを頂かっているだけにすぎず，よい環境で育てられたわけではなかった。この時代は，乳児の手足をまっすぐ伸ばした状態で，足から首の下まで布でぐるぐる縛り，乳児が動けない状態にする「スワドリン

図4-1　スワドリング

グ（swaddling*）」という習慣があった。「スワドリング」は，図4－1のような
ものであった。子どもは，1人の人格としてではなく，大人にとっては荷物の
ような扱いだったのではなかろうか。

> ＊スワドリング：乳児を安心させるため等の理由で，現在でも，同じ名称のスワド
> リンクが習慣となっている国もある。日本では「おくるみ」と言われて，生後まも
> ない乳児をよく眠れるように布で包むことがある。ただし，この当時の「スワドリ
> ング」と，現在のものとは異なるものである。

　しかも，乳母は，自分の仕事で忙しく世話ができず，子どもが勝手に動いて
どこかに行かないよう，スワドリングの状態で籠の中に入れておいたり壁にか
けたりした。そのため，子どもが置き忘れられることもあった。おむつを替え
てもらえず，お尻がかぶれなど不衛生な状態で過ごし，生きて親元に帰ってく
る子どもは半分で，生きて帰ってきた場合は5・6歳から家計を支えるために
働いていたのである。
　その後18世紀後半，ヨーロッパでは産業革命が起こり，新しい機械が開発さ
れ，多くの工場が建設されていき，農業中心の生活から工場に働きに出る生活
へと変わっていった。男性だけでなく女性や子どもも働かなくては暮らしてい
けなかったため，家族が工場で別々に働くことになった。女性と子どもは低賃
金で雇われ，特に体が小さい子どもは，狭い場所で細かい作業をさせられ，さ
らに鞭で打たれることも行われ，なかには亡くなることも多々あった。働くこ
とのできない小さな子どもは，家の中に閉じ込められるか路上で遊んで過ごし
たのである。
　このように，子どもは大人よりも体が小さいだけで，大人と同じ生活をさせ
られていたのである。つまり，子どもは「小さなおとな」だと捉えられていた
のである。子ども期に必要な生活，考え方，成長ができなかったのであった。

（2）「子どもの発見」

　このような状況の中，子どもは「小さなおとな」ではないと当時の子ども観
を否定し，大人とは異なる子どもの固有性を歴史上初めて明示した人物がいる。
スイスのジュネーブに生まれ，フランスを中心に活躍したルソー（J.-J. Rous-

seau, 1712-1778) である。彼は，子ども独自のものの考え方や成長の仕方があり，それにあった教育が必要であると主張した。彼の主著『エミール』（1762年）において，子どもがどういう存在であるか，子どもが生まれてから成人するまでにどのような教育が必要かということについて，次のように提示した。

図4-2　ルソー

　　人は子どもをいうものを知らない。子どもについてまちがった観念をもっているので，議論を進めれば進めるほど迷路にはいりこむ。このうえなく賢明な人々でさえ，大人が知らなければならないことに熱中して，子どもには何が学べるかを考えない。かれらは子どものうちに大人を求め，大人になる前に子どもがどういうものであるかを考えない。（ルソー，1962：18）

　これは，大人と異なる子どもの特質に基づく教育を重視する見方，「子どもの発見」である。ルソーは，子どもは思うままに跳びはね駆け回り，外で遊んで過ごすのが自然の姿であると発見した。ルソーは，子どもが「自然の歩み」に沿って成長できるように，例えば生まれたばかりの子どもは手足を伸ばしたり動かしたりする必要があるのに，スワドリングのように手足を縛りつけ自由に動かせないのでは，子どもの身体発達，つまり，大人が子どもの「自然の歩み」を妨げていることを指摘した。「わたしたちは感官をもって生まれている。そして生まれたときから，周囲にあるものによっていろんなふうに刺激される」（同：26）ことから子ども期に行う感覚的教育を重んじ，大人の考え方を押し付け教え込むことを避け，「初期の教育は純粋に消極的でなければならない」（同：132）と主張した。また，「くりかえして言おう。人間の教育は誕生とともにはじまる」（同：71），「生まれたときにわたしたちがもってなかったもので，大人になって必要となるものは，すべて教育によってあたえられる」（同：24）と明言している。ルソーの「子どもの発見」より，子ども期の教育学が誕生した。

　『エミール』は，ルソーが家庭教師としてエミールという名の男の子をあずかったなら，どのように育てるかを想像して書かれた教育小説で，全5編から

なる章立てはエミールの成長に従い，年齢に見合った教育が語られる。第1編では乳幼児期の育児法と，自然・人的両面の教育環境について論じている。

（3）自然の教育力──「自然へ帰れ」「子どもを守れ」

　ルソーは，『エミール』において，自然の教育力について，以下のように強調した。

　　　　自然を観察するがいい。そして自然が示してくれる道を行くがいい。自然はたえず子どもに試練をあたえる。あらゆる試練によって子どもの体質をきたえる。苦痛とはどういうものかをはやくから子どもに教える。（中略）幼年時代の初期はずっと病気と危険の時期だといっていい。生まれる子どもの半分は八歳にならないで死ぬ。試練が終わると，子どもには力がついてくる。そして，自分の生命をもちいることができるようになると，生命の根はさらにしっかりしてくる。
　　　　これが自然の規則だ。なぜそれに逆らおうとするのか。あなたがたは自然を矯正するつもりで自然の仕事をぶちこわそうとしているのがわからないのか。（同：42）

　ルソーは，自然のままでいるのが素晴らしいのに，人間は大人の都合で全てを捻じ曲げてしまう。子どもの成長についても同様だと批判した。そして，上記のように，自然の法則に従うべきだと訴えたのである。ルソーは，大人があれこれ子どもの成長に手を加えるのでなく，自然から学ぶと同時に，子ども自らの成長する力を信じていた。15歳くらいまでは，自然人（自分のために生きる存在）として育てる。それ以降は社会人（他者のために生きようとする存在）として考えた。そこで，「自然へ帰れ」「子どもを守れ」と主張したのである。

　　自然へ帰れ
　　「万物をつくる者の手をはなれるときすべてはよいものであるが，人間の手にうつるとすべてが悪くなる。（中略）（人間は）なにひとつ自然がつくったままにしておかない。人間そのものさえそうだ。人間も乗馬のように

調教しなければならない。庭木みたいに，好きなようにねじまげなければ
ならない」

「こんにちのような状態にあっては，生まれたときから他の人々のなかに
ほうりだされている人間は，だれよりもゆがんだ人間になるだろう。偏見，
権威，必然，実例，わたしたちをおさえつけているいっさいの社会制度が
その人の自然をしめころし，そのかわりに，なんにももたらさないことに
なるだろう」(同：23)

子どもを守れ

「大きな道路から遠ざかって，生まれたばかりの若木を人々の意見の攻撃
からまもることをこころえた，やさしく，先見の明ある母よ，わたしはあ
なたにうったえる。若い植物が枯れないように，それを育て，水をそそぎ
なさい。その木が結ぶ果実は，いつかあなたに大きな喜びをもたらすだろ
う。あなたの子どもの魂のまわりに，はやく垣根をめぐらしなさい。垣の
しるしをつけることはほかの人にもできるが，じっさいに障壁をめぐらせ
る人は，あなたのほかにはいない。植物は栽培によってつくられ，人間は
教育によってつくられる」

「わたしたちは弱い者として生まれる。(中略) 生まれたときにわたしたち
がもってなかったもので，大人になって必要となるものは，すべて教育に
よってあたえられる」(同：23-24)

　当時の都会の家庭が，育児放棄状態 (母は乳母に子どもを預けて社交場へ，父は
仕事で忙しい) であったことから，ルソーは，1人の教育者が責任をもって子
どもを育てるべきと考えた。ルソーには，長い期間を見据えた子どもの成長へ
の関心があったのである。そこで，本来，「教育」(education) は産んで育てる
「産育」の意味であったが，子どもを大きくなるまで育てるという概念へと拡
大することをルソーが提唱した。
　さらに，先見の明とは「わたしたちをたえずわたしたちの外へ追いだし，い
つも現在を無とみなして，進むにしたがって遠くへ去って行く未来を休むひま
もなく追い求め，わたしたちを今いないところに移すことによって，決して到

達しないところに移す，あのいつわりの知恵」（同：102）だと，不確実な未来のために現在を犠牲にする教育「将来準備説」を批判し，教え込むのではなく，子ども自らに考えさせ気付かせ，経験から学ばせる，好奇心による問いと探究，子どものやる気を引き出す教育を主張した。これらのことは，『エミール』の中で，エミールと家庭教師が森へ散歩に行って，迷子になってしまった森の中で，エミールが大粒の涙を流しながら，お腹がすいたと訴え，家庭教師はエミールに森は町のどの方向に位置するか尋ねた場面に示されている*。

> ＊エミール「（森は）モンモランシーの北にあるって」
> ジャン・ジャック「するとモンモランシーは……」
> エミール「森の南にあることになる」
> ジャン・ジャック「正午に北を見つける方法をわたしたちは知っていたかしら」
> エミール「ええ，影のさす方向でわかります」→北と南の方向を影で確認したエミールは，町の方向を見つけ出し，無事に帰ることができた。「天文学ってなにかの役にたつもんですね」（同：319-320）

　このように，子どもは大人と異なる独自の存在であること，子どもの特質に基づいた生活や発達があるという考え方，つまりルソーの「子どもの発見」「自然の教育力」「子どもを守れ」が人間として生きるための教育の原点（原理）を示し，教育学が誕生したのである。これは，現代の教育に重要な影響を与えるものであると言えよう。

2　ペスタロッチ──子どもが主体の教育，「生活が陶冶する」

（1）子どもへの眼差し

　ルソーの影響を受けて，自ら教育実践を行いながら教育理論を発展させた人物がスイスの教育家ペスタロッチ（J. H. Pestalozzi, 1746-1827）である。ペスタロッチは，子どもの頃に父親を亡くしたため，スイスのチューリッヒの近くの村で牧師をしていた祖父と一緒に過ごした。村の人々の暮らしは貧しく，子どもたちは学校に通うこともできずに働いていたことに心を痛めたペスタロッチは，生涯をかけて教育実践をしたことになる。

　当時，フランス革命の余波でヨーロッパ各地で戦争が生じていた。ペスタロッチは，1798年，政府に申し出て，戦争の被害を受けたスイスのシュタンツ村の親や家をなくした子どものために孤児院を設立したのである。そこでは5歳から15歳の約50人，多い時には約80人の，これまでは物乞いし文字を知らず知識もない子どもに，ペスタロッチは，労働作業をはじめ彼らとの生活を通して愛を込めて様々なことを教えた。ペスタロッチは，どんなに貧しい子どもも神様から与えられた「人間本性の諸力」があること，子どもが自らもっている内的な自然の力を発展させることができると信じ，これを教育の基礎に置き，シュタンツ孤児院で実践したのである。

（2）母の強調——愛と信頼関係の重要性

　また，ペスタロッチは，シュタンツ孤児院の経験から，人間の教育には，母親がそばにいて子どもを注視するような家庭の雰囲気や見方が大事であると主張している。

　　いやしくもよい人間教育は，居間における母の眼が毎日毎時，その子の精
　　神状態のあらゆる変化を確実に彼の眼と口と額とに読むことを要求する。
　　（虎竹，1990：132）

　ペスタロッチは，母親が子どもの気持ちを常に汲み取るように，教師も子どもが何を考え，どのような気持ちでいるのかと，子どもを心から愛し，子どもとの関係を重視することを指摘したのである。このペスタロッチの教育における母の強調，愛と信頼関係の重要性は，今後の幼児教育に影響力を与えていくことになる。

（3）ペスタロッチの教育実践「生活が陶冶する」

　さらに，ペスタロッチは，シュタンツ孤児院の他にスイスで小学校をつくり，子どもの発達に沿った教育方法を考え実践した。当時の学校では，聖書やアルファベットを繰り返し暗記することだけであったが，ペスタロッチは，子どもが生活，実際の行為を通して，子どもが自ら学ぶ教育を創り上げたのである。

図4-3　ペスタロッチ

子どもを囲む日々の生活そのものが何よりも重要な教育, つまり「生活が陶冶する」教育理念によるものであった。

　こうしたペスタロッチによる教育実践の名声が高まり, その教育を見ようとヨーロッパから多くの人々が見学に訪れ, その中には, イギリスのオウエンやドイツのフレーベルがいたのである。ペスタロッチの子ども中心の教育思想「児童中心主義」は, 教育者として子どもを養護し教育する際に重要な視点となっている。

　ペスタロッチの教育思想は, 日本でも明治時代以降, 教育や保育に携わる多くの人々の心を感動させ, 影響を与えていった。日本で貧しい子どもたちの教育や福祉を行った浦辺 史, 岡山孤児院をつくった石井十次, 家庭学校をつくった留岡幸助も, ペスタロッチから影響を受けたと言われている。

3　オウエン──子どもの自発性の尊重, 集団施設の誕生

　産業革命の中, スコットランドのニュー・ラナークでは, 多くの子どもたちが工場で働き, 階級によって育児や教育の実情が異なっていた。人間疎外や家庭崩壊などによる子どもたちの貧困を前にしたロバート・オウエン (R. Owen, 1771-1858) は, 搾取のない人間本性の発達と, 人格は環境によって形成されるという「性格形成原理」に基づく教育を構想した。

　1816年, オウエンは, ニュー・ラナークで自分の経営する紡績工場内に「性格形成新学院」を開設し, 10歳未満の子どもを工場での労働から保護して, 子どもが教育を受けられるようにした。

　オウエンの性格形成新学院は, 幼児学校 (1〜5歳), 年長学級 (小学校) (6〜10歳), そして卒業後働く成人のための夜間学級 (10〜20歳) の形態で運営し, ニュー・ラナークの全村民に開放された。その教育内容はダンスや音楽, 行進, 軍事訓練など, 集団活動に特徴が見られる。集団活動が重視される理由は社会性の獲得が目的とされるからであるが, 性格形成学院の教育方針は厳しい規律

図4-4　オウエン

で管理するようなものでは決してなく，友愛と協同の原則にもとづいていた。これは助教法を用いた慈善学校での，助教となった児童が規則違反の摘発に当たるなど，賞罰でしばられる状態にあったのに対して随分異なっており，学院で与えられる教訓にしても，お互いに幸福になるように努め，仲良くなるようにしましょう，という簡素なものであった。

　特に，オウエンは，幼児学校では体罰や注入教育を排除し，色々な模型や絵を置いて明るく自由な教育的環境を整備した。そこで，「実物」による直観的な刺激で，子どもの側から自発的に好奇心が起こるのを待ち，会話を通した経験的教育を行った。なぜなら，オウエンは，子どもは幼少期に与えられた印象に一生を通じて拘束されるようになると考えたからである。オウエンは以下のように述べている。

　　全力をあげてしょっちゅう遊び仲間を幸福にするようにしなくてはならぬ。
　　年かさの4歳から6歳までの者は年下の者を特別に世話し，また力を合わ
　　せてお互いが幸福になるように教えよ。(オウエン，1961：250)

　こうして，子どもの自発性を尊重し，書物や玩具を使わず，具体的な生活経験に基づく教育，性格形成と集団生活訓練に努めたのである。オウエンの思想と実践は，イギリスにおける幼児教育の先駆となり，特に集団主義保育の評価は高いものである。

4　フレーベル──子どもの遊びと生活，子どもの「神性」

(1) フレーベルの人間観の形成過程
　前述のペスタロッチの教育実践は世界から注目され，その教育思想は各国の教育に大きな影響を与えた。ドイツやフランス，イギリスといったヨーロッパ圏のみならず，アメリカでも19世紀半ばから，ニューヨーク州のオスウイーゴー

師範学校を中心として，ペスタロッチの直観教授法を受け継いだのである。そのような広い影響のなかでも，特にペスタロッチの直系の教育者と目されるのがドイツのフリードリッヒ・フレーベル（F. W. A. Fröbel, 1783-1852）である。

図4-5　フレーベル

　フレーベルは1782年，南ドイツの小国シュヴァルツブルグの牧師一家に，年離れた第6子として生まれ，父は牧師，母はフレーベルがわずか9か月の時に死別し，厳格な父と第2の母のもとで愛に飢えを感じながら孤独な少年時代を過ごした。彼にとって美しい自然だけが慰めだったという。そのフレーベルを温かく受け止め，理解してくれたのは，兄クリストフと伯父ホフマンであった。父の怒りにふれたフレーベルを何度も助けてくれたクリストフのやさしさと，10歳から14歳まですごしたホフマン家の温かさを，フレーベルは生涯忘れなかった。そうした幼少年時代の思い出が子どもに対する温かい視点となっていくのであった。

　その後，フレーベルは，1805年（23歳）フランクフルトで模範学校校長ペスタロッチ主義者のグルーナーと出会うのである。それまで青年期のフレーベルは，山林局書記，土地測量技師，農場の会計係など職を転々とし，この間にイエナ大学で数学・物理学・建築学などを学び，それ以外は独学していた。フレーベルはペスタロッチの活動を知ると，1805年と1808年の2度にわたって，イヴェルドンの学園を訪問し，ペスタロッチの愛情豊かな心と教育にかける情熱に深い感銘を覚え，模範学校の教師となった。その後1816年，カイルハウの地に「一般ドイツ学園（一般ドイツ教育舎）」を開設すると，ペスタロッチのメトーデと自らの理論を組み合わせた教育を実践したのである。フレーベル34歳の時であった。子どもたちとの生きた触れ合い，自然との共感，農作物の栽培，庭づくり，動植物の観察，共同作業などを重視した教育であった。フレーベルは，成長段階に応じた教育を考え，胎児から老人に至るまでのそれぞれの段階が相互に浸透し合いながら連続的に発展するという，連続的発達観を示した。ルソーの人間観をより詳細なものとした考察で，現代の生涯教育にも通じるものである。この学園での活動から生みだされたフレーベルの主著が『人間の教

育』である。フレーベルは，教育について次のように述べている。

　　教育，殊に教授は，人間をとりまいている自然に内在し，自然の本質を決
　　定し，そしていつも変らず自然の中に現れている神的なもの，精神的なも
　　の，永遠的なものを，人間に直観させ，認識せしめなければならない。こ
　　んなわけで，教育は，教訓との生きいきとした交互作用で，また教訓と結
　　びついて，同じ法則が自然と人間とを支配している事実を明らかにし，提
　　示しなければならない。(フレーベル，1970：11-12)

　ここでいう自然とは，子どもの内なる自然，また人間を取り巻く自然である。
ここからフレーベルがルソーやペスタロッチの「自然」の捉え方，考え方を受
け継いでいることがわかる。フレーベルは，子どもの教育は，子どもの内に善
なるものを開花させていくものであり，「必然的に受動的，追随的で（防衛的，
保護的ですら）なければならず，決して命令的・規定的・干渉的であってはな
らない」(同：14)と主張した。
　この考えは信仰に裏づけられ，神と自然を永遠の法則とする教育は受胎の期
間からすでにはじまり，神および自然の子としての人間の使命を負った胎児の
ために，両親は言行に注意して教育しなければならない，という考え方である。
つまり，誕生直後の乳児，すなわち「乳のみ子」(Saugling)はその名の通り「の
み込む」(saugen)ことを唯一の活動とし，母乳だけでなく「外界の多様性だ
けを受け取り，自分の中にとり入れる」(同：29)ので，貧しくても純粋，清潔
な環境で養育せねばならない。なぜなら，幼少期に吸収したものや青少年期の
印象は，生涯ほとんど克服できないものであるから，とフレーベルは主張した。
　またフレーベルは，幼児期の発達において，「あらゆる善の源泉は遊戯にあ
り，また遊戯からあらわれてくる」(同：50)とし，遊戯の重要性を主張してい
る。すべての成長段階がそれぞれに重要であるとしながらも，周囲のものを理
解しだす出発点として特に幼児期を重視し，幼児の発達に欠かせない「最高の
段階」と認める遊戯を重んじた。また，遊戯と近しい関係にある描画・唱歌な
どもまた幼児の教育活動として重視し，この考えは後に幼稚園へと生かされて
いったのである。

（2）フレーベルの幼稚園

　ところが，プロイセン政府の反動政策で学園が革命精神の温床といううわさが広まり，学園が危機となり，1831年以降は，カイルハウの運営を仲間の一人に任せて，フレーベル自身はスイスにおいて学園の展開を模索することになる。こうして，フレーベルの思いは次第に幼児教育に向かっていったのである。「一般ドイツ学園」が衰退の末閉鎖された後，幼児教育に関心を向けたフレーベルは遊具を制作した。球体や立方体など単純な形からなるこの遊具は，「神から人間への贈り物」という意味で，「恩物」（Gabe：英語の「gift」に相当するドイツ語）と名づけられた。「恩物」は，虹の色のうちの6色からなる六つのボールの第一恩物，木製の球・円柱・立方体からなる第二恩物，八つの立方体の集合である第三恩物などがある。フレーベルはとりわけ球形を「万物の似姿」として，生命の象徴とみなし重視することから，最初の教育玩具にボールを作ったといわれる。また，積み木の構成を持つ「第三恩物～第六恩物」の立体組み立て遊具は，知識形式，生活形式，美的形式という三つの分野で構成され，知識形式とは積木をしながら，数・順序・量・形態などの知識を得ようとするもの，生活形式は実際にある品物の形にくみ上げるもの，美的形式は美しいデザインを組み合わせるものというような三つの視点がある。これらのフレーベルが実際に創作した遊具は，子どもの内なる力を発揮させるための具体的材料であるといえる。それは，フレーベルが，子どもは遊具で遊ぶことを通して世界の法則的・調和的秩序を予感できると考えたからである。このように，恩物は子どもの精神の自己表現の素材として，19世紀を通じてフレーベル主義

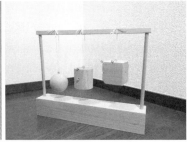

図4-6　第一恩物（左）と第二恩物（右）

幼稚園の必須な教育内容となっていった。

　その後，フレーベルは，子どもの本質を神的なものとして捉え，園丁が植物の本性に従って水や肥料をやり，日照や温度を配慮し，また剪定（せんてい）するように，教育者も子どもの本質に受動的及び追随的に，その無傷の展開を保護し，助成するように働きかけなければならないと主張した。フレーベルは，1839年には幼児教育施設の「遊戯，および作業教育所」を創立し，幼児教育の指導者養成所も併設した。この施設が翌年に名称を改められ，フレーベルは，遊びや作業を中心に自己活動・創造活動を重視するこの施設を，子どもの庭という意味の「キンダーガルテン（幼稚園）Kindergarten」と呼んだ。1840年 6 月，ブランケンブルグ市庁舎で行われた幼稚園創立の式典では，「一般ドイツ幼稚園」と命名された。

　フレーベルの幼稚園の目的は，家庭教育の肩代わりではなく，母親たちに幼児教育のあるべき姿を示して家庭教育を回復しようとするものであり，遊具を用いて幼児たちを正しく育み，家庭を子どもたちにとって幸せな生活の場にすることであった。幼稚園の任務が家庭の役割を助けることにあったことは重視しておくべきである。フレーベルの『母の歌と愛撫の歌』（1844）は，乳児の教育のための絵図入りの本であり，これは，父母がそれを用いて幼い子どもに語りかけることを念頭において書かれたものであった。すなわち，フレーベルが幼児教育で大事にしたことは，子どもが生まれながらに持つ「神性」を引き出すことであった。

5　エレン・ケイ——新教育の始まり

　本章では，ルソー，ペスタロッチ，オウエン，フレーベルの子ども観や教育観を検討し，教育学の誕生の過程と彼らに通底する教育観を検討してきた。ルソーの「子ども」の発見により，「子どもは大人と異なる独自の存在」で，「子どもの特質に基づいた生活や発達がある」という考え方が理解されるようになった。ペスタロッチが，子どもを囲む日々の生活そのものが重要な教育であるとし，「生活が陶冶（とうや）する」教育思想を深め実践したことで，子ども中心の教育の考え方が広まった。そのような中，オウエンが子どもの「自発性を尊重」し，

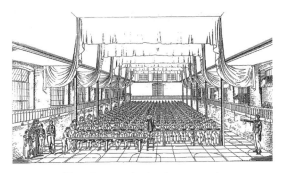

図4-7　モニトリアル・システム

書物や玩具を使わず，具体的な生活経験に基づく教育，性格形成と集団生活訓練に努め，さらに，フレーベルが「子どもの本質を神的なもの」として捉え，園丁が植物の本性に従って水や肥料をやり，日照や温度を配慮し，また剪定するように，教育者も子どもの本質に「受動的及び追随的」に，その無傷の展開を保護し，助成するように働きかけることを推進し，子どもの主体性を尊重する子どもの集団保育施設の基礎が創られていった。ルソー，ペスタロッチ，オウエン，フレーベルいずれも，「子ども」中心の教育の考え方と実践を通じて社会を改新させていったと言える。

　ところが一方で，教育における考えと実際の方法では，重点の置き方が異なり，子どもを守ることに重点を置いた「管理」，子どもをよりよく育成することに重点を置いた「訓練」，どの子どもも平等に教育を受けることに重点を置いた一斉「教授」といったように，実際の授業方法が形式化，画一化されていたのである。たとえば，多くの子どもたちを一斉教授するために，助教を活用するモニトリアル・システム（ベル・ランカスター法）は，競争を活性化させた。

　ルソーの「子どもの発見」から，「子ども」を守る・大事にするという考えが行き過ぎ，結果的には教師・教科中心の教育を考える立場になり，子どもに対して一方的に管理，訓練，教授がされる傾向であった。この教師・教科中心の「旧教育」に対して主張されたのが「新教育」であり，子どもの自発性や主体性，自己活動を重視することが，説かれたのである。

　「子どもの自発性や主体性，自己活動」を重視した教育の実践を考える立場は，19世紀後半から（1890年代頃から1920年代頃まで），世界の各地で同時多発的に起こり，このような教育改革運動を「新教育運動」という。それぞれの学校，教育家の実践や思想には特徴があり，様々な点で違いはあるが，従来の学校教育でなされてきた教科書中心の系統的学習に対して批判的で，児童生徒の興

味・関心，経験などを重視する子ども中心の「児童中心主義」の立場である。

この新教育運動の理念としてしばしば用いられた「児童から」という標語は，スウェーデンの思想家エレン・ケイ（Ellen Key, 1849-1926）の著作『児童の世紀』（1900年）に由来する。「児童から」の語は，子どもの成長に教育を委ね，できるだけ干渉しないことを意味し，ルソーの消極主義教育および自然主義教育を引き継いだ思想でもある。つまり，ケイの標語が，新教育の発端となったと言えよう。

ケイは20世紀が「児童の世紀」になると考えた。それは「大人が子どもの心を理解すること」，「子どもの心の単純性が大人によって維持されること」，この二つが成立してはじめて社会が新しくなることを意味したのである。つまり，子どもに重点を置き，また社会にも重点を置いたのである。『児童の世紀』では，今の授業は詰め込み型であり，その原因は講義型の授業や内容の多さ，形式主義にあると非難し，子どもの自主性を認めるべきだと主張している。

ケイの考えと同様に，他方では，感覚機能を訓練するための教具を用いた幼児教育法であるモンテッソーリ法で知られるイタリアの教育家モンテッソーリも，教育の任務は，「からだ」と「こころ」による自己形成力を助長すること，子どもの環境を整備することであるとし，能力開発を助成することを重視している。モンテッソーリは医師として障害児教育に関わり，1907年ローマに新設された幼児収容施設の「子どもの家」の所長として携わり，教育実践を通してモンテッソーリ法を考案した。モンテッソーリの思想の特徴は，本書第6章に取り上げられている。子どもの感覚機能は乳幼児の第一期（誕生から6歳まで：無意識的精神「吸収する精神（心）」で心的生活時期「敏感期」「創造的時期」）の環境に敏感に反応するという敏感期の考えに見られ，この敏感な感覚機能をより強化するために独自の教具と教育方法が開発されたのであった。

このように，ケイの「児童の世紀」により，子どもに重点を置き，社会に重点を置き，社会が新しくなり，教育が新しくなる契機となっていったのである。

日本において，子どもの立場に立って「新教育」を考えた最初の試みは「大正自由教育運動」である。近代国近代国家建設に邁進していた19世紀の日本は，強い国家・国民の形成が至上命令であった。20世紀になって，子どもを労働力としてではなく，独自の存在として見直す発想が西洋思想の伝達とともに日本

の教育関係にも徐々に浸透していった。子ども向けの文学や童謡を『赤い鳥』で発信した鈴木三重吉，子ども自らが日常生活の出来事やそこでの思い・考えを自由に書くこと推奨した生活綴方教育，野村芳兵衛や戸塚廉などによる生活教育，個性を尊重し科学的探究を展開させた成城小学校等，1920年から30年代における子どもを中心に教育を考える「児童中心主義」の立場の教育実践が展開されていったのである。

6　デューイ──経験主義教育，「学校と社会」

（1）デューイの教育哲学

　アメリカを代表する教育者であり哲学者であるジョン・デューイ（J. Dewey, 1859-1952）は新教育運動の推薦者として特に重要な人物であり，その教育理論は第二次世界大戦後，民主主義国家として再生した日本の教育に大きな影響を与えたことで知られる。デューイの思想はプラグマティズム（pragmatism），つまり実用主義の哲学から始まるが，哲学と教育とは本質的に密接な関係にあって，哲学は本来教育の理論であり，教育は哲学の具体化であるという立場から，デューイは教育と哲学を一つのものとして考察する。

　デューイは自らの思想を「道具主義」あるいは「実用主義」と呼び，それは，実験・経験から得られた正しい知識を，生活に役立てる道具とみなすという考えに基づいている。この発想が教教育実践においては，具体的に実験学校（Laboratory School）という形で結実する。1896年，デューイがシカゴ大学に設置した附属小学校である実験学校は「デューイ・スクール」と通称された。ここでの三年間の実践報告として児童の親や後継者を前になされた講演が『学校と社会』である。同書では，旧来の教育が教え込みや一斉授業など大人の利便を中心に据えていたのに対し，「今や我々の教育に到来しつつある変革は，重力の中心の移動である。子どもが太陽となり，その周囲を教育のさまざまな営みが回転する」と語られ，児童中心主義の教育思想が明確に打ち出された。

図4-8　デューイ

子ども中心の思想は先に述べたルソーやペスタロッチ，フレーベルなどにも見られるが，実際に大きな社会的効果をもたらしたのはデューイの教育論による。

（2）デューイが目指した教育実践

　ジョン・デューイの主著『学校と社会』では，「旧教育＝古い学校制度」について，「旧教育は子どもたちの態度の受動性，子どもたちの機械的な集団化，カリキュラムと教育方法が画一的である」とあるように，古い学校制度では，子どもたちは受け身的で，機械的に分けられた集団の中で学ばねばならず，カリキュラムや教育方法も画一的だと指摘した。旧教育では，教えたことを繰り返し「復唱」，何度も反復練習や繰り返しテストで暗記させ理解を深めさせていたからである。

　またデューイは「旧教育は，重力の中心が子どもの外部にある」こと，つまり子どもの興味関心の外に教育内容があることに気づき，「子ども自身の直接の本能と活動以外のところにある」「子どもの生活については，あまり語られない」「学校というのは，子どもが生活をする場所ではない」と，子どもの本能や生活実感とは切り離された学習を強要していると指摘した。これは，イリイチ（I. Illich, 1926-2022：オーストリアの哲学者でラテンアメリカを中心に活動）の「スクーリング（学校に通うこと）は人々の生き生きとした感覚をなくす」という指摘と共通している。

　一方，デューイの考える「新教育」の哲学は，まず，「重力の移動」で，子どもが学習の中心となり，その周りに教育についての装置が組織されることであった。つまり，子どもの興味・関心が学びの出発点であり，それを引き出し，伸ばすために，様々な教具，教材，環境が準備されなければならないということである。デューイは，生活から学ぶ，生活を題材に学ぶ「生活教育」を重視した。

　　子どもにとっては，生活することが第一であって，学習は生活することをとおしてこそ，また，生活することとの関連においてこそおこなわれるのである。このように，子どもの生活というものをすべての中心とし，それを組織化するならば，子どもは何ものにもまして，物事を聴く存在である

ということにはならない。否，子どもはそれとまったく逆の存在であるということである。（デューイ，1998：98）
　自然にじかに触れることや，現実の事物や材料の取り扱い方や，それらのものを実地に操作する過程に触れることから得られて，しっくりと身についた知識，さらにそれら事物の社会的な必要性や用途についての知識をもつことが，教育の目的として重要な意義をもつ。（同：68）

　デューイは，デューイ・スクールで，子どもの生活を土台に，子どもが自ら作業して学ぶ教育「作業を取り入れた学習」を実現させた。

　生活のもう一方の側面を代表するような何かあるもの——一人ひとりの責任を厳しく要求し，かつ生活における物質的現実とのかかわりにおいて，子どもを訓練していくような仕事（オキュペーション）——をどのようにしたら学校のなかに導入することができるだろうか。（同：70）

　いわゆる「工作教育」，つまり，工作室での作業および家庭技術—裁縫と調理といった作業教育を導入し，カリキュラムの中心とした。
　デューイは，子どもの「物を作りたいという本能」について，「探究する本能：子どもたちは，ひたすら何事かをやってみたいのであり，そのようにやってみると，その結果に何が起こるかを見届けたいだけのことである」と認識した。
　他にも，織物作業の例も『学校と社会』の中で紹介されている（同：107-109）。デューイの始めたシカゴ実験学校で，織機を教室に置き，子どもたちは自ら，様々な模様の織り方の模索，模様や糸の歴史，生産地の探究といった新たな関心，視野を広げていった。興味があれば自ら動き出すということが，子どもの本能であり，デューイは子どもの本能（能動性）を生かした教育実践に取り組んだ。

（3）社会につながる「子どもと社会」
　新教育の一連の運動の中で大きく取り上げられた児童中心主義は，一方で子

どもの放任とも言うべき状況を生み出した。この状況は現在も見受けられる困難な問題である。しかし，それはデューイ思想の問題点というより，その不徹底にあるとも考えられ，『学校と社会』ではすでに「指導によって，つまり組織的に扱われることによって，子どもの諸々の活動は価値ある結果へとむかう」と指摘されているように，児童中心主義とはいえ学校という組織だった教育活動の場に，教師の指導は必要とされるからである。しかし，指導といっても学習は詰め込みであってはならず，学校を生活と関連付けることで，あらゆる学科は必然的に相関的なものとなる，とデューイは主張する。ペスタロッチに通じるこの思想は「なすことによって学ぶ（Learning by doing）」という語に大成される。ただ，ペスタロッチが家庭教育を重視したのに対し，デューイは学校を「小社会」と考え，家庭という社会のみならず「大社会」である実社会とのつながりを重視する教育を思考した。例えば「（家族の）会話のなかで，子どもはいろいろなことを述べ，質問が生じ，さまざまな話題が語り合われ，かくして子どもは絶えず学び続けるのである。（中略）家庭の仕事に参加することは，知識を獲得する機会となる。（中略）子どもの生活は戸口から庭へ，そしてその周辺の畑や森へと広がっていくであろう」（同：97）と，家庭という社会の中で，子どもが自分の言葉を語り思索するようになること，子ども自らが家庭生活に役割を果たすことで，家庭という社会につながり自己が育つということ，つまり，「子どもと社会」がつながるところに学びを見出している。だから，子どもたちがつながる社会がどのような社会（国家体制なども含み）であるかによって，教育の目的や内容は変わるのである。

　　教育は社会の機能であり，未成熟者たちを，彼らの属する集団の生活に参加させることを通して，指導し，発達させることである，ということは，実質的には，集団の中で普通行われている生活の質が異なれば，教育もまた異なる。
　　自己を改良するような変化を理想としている社会は，単に自己の慣習を維持することだけを目ざしている社会とは異なった教育の規範や方法をもつだろう。（デューイ，1975：133）

デューイの学校教育論では，実社会のさまざまな生活体験を仮に経験し，子どもが社会に好意的な興味・関心を抱くことによって，自発的な社会とのかかわり方を身につけ，さらなる社会の進歩をすべての子どもたちが積極的に担うような性向を育てることが期待される。その教育思想は，すべての人間の自由を尊重する民主主義への信頼と同時に，単なる現状肯定に止まらず，よりよき変革を恐れない。この批判精神はあらゆる教育思想にとって必要不可欠な基盤といえよう。

　ここまで，子どもにとって必要なことを追求し，真に子どものための教育・保育を実践し展開させた教育思想家たちを取り上げてきた。それを支える精神は，子どもには，生まれながらに持つ特性，「人間本性の諸力」があること，子どもの「神性」とも言える子どもが自らもっている内的な自然の力を発展させることを重視した教育観がうかがえた。

　ルソー，ペスタロッチ，オウエン，フレーベル，ケイ，デューイいずれも共通する子どもの主体性を尊重するという教育実践を支える考え方は，現代の教育・保育に影響し，通底してきたと考えられる。

（1〜6節は，熊田凡子「世界の保育思想の歴史——ルソー，ペスタロッチ，オウエン，フレーベルに通底する子ども観と保育観」『探究——こどもコミュニケーション』北樹出版，2022年の内容に加筆修正をし，エレン・ケイ，ジョン・デューイの教育論を追記したものである。）

7　人間学としての教育学——聖書に見る子ども観

　本章の最後に，キリスト教の教典である聖書から見た子ども観について，ふれておきたい。

　　さて，イエスに触れていただこうと，人々が子どもたちを連れて来た。ところが弟子たちは彼らを叱った。イエスはそれを見て，憤って弟子たちに言われた。「子どもたちを，わたしのところに来させなさい。邪魔してはいけません。神の国はこのような者たちのものなのです。まことに，あなたがたに言います。子どものように神の国を受け入れる者でなければ，

　　決してそこに入ることはできません。」そしてイエスは子どもたちを抱き，
　　彼らの上に手を置いて祝福された。（マルコの福音書10：13-16）

　この聖書の箇所の「子ども」はギリシア語で「παιδίον」（パイディオン）で，
幼児から12歳までの子どもを意味する。この場合は幼い子どもたち，幼児であ
ろう。イエス・キリストから祝福を受けさせたいと親たちが願いわが子を連れ
てきた場面である（楠本，2010）。

　ところが，イエスの弟子たちがこの人々を叱った。なぜなら，イエス・キリ
ストの宣教の働きを妨害すると思ったから，もしくは子どもを低く見ることが
当時の通念だったため，それに従ったからとみられる。この当時のユダヤ教の
正式なメンバーは大人の男性のみに限られていた。聖書によれば，イエス・キ
リストが4,000人もの人々に食事をふるまわれたという出来事が記されている
が（マルコの福音書8章9節），これは成人の男性だけの数で，そこには女性や
子どももいたにもかかわらず数えられていないのである。これが常識であった。
つまり，女性は低く見られ，子どもは大人の未完成形もしくは未熟な半人間と
され，一人の人格とは認められていなかった。ユダヤ教界の構成員には旧約聖
書の規則である律法を厳しく遵守することが求められており，子どもは律法を
理解することも守ることもできない。そのため数に入れられず，さらに神の祝
福を受ける価値がないと考えられていたのである。

　だから，弟子たちは，正式なメンバーでもない子どもたちに神の御子である
イエス・キリストの祝福を受けさせるなど，とんでもないことだと思った。そ
こで，子どもを連れてきた大人たちを叱ったのであろう。

　しかし，イエス・キリストは，その弟子たちに対して「憤っ」た。「憤る」
の原語「ἀγανακτέω」（アガナクテオー）は，きわめて激しく怒るということで
ある。イエス・キリストは神の子であるが，人としての姿となり，子どもを排
除しようとする弟子たちに対し激しく憤られた。つまり，それだけに，イエス
が幼い子どもを深く強く愛していたということである（楠本，2010）。

　イエスは，子どもを未熟な半大人とは考えていない。神に愛される（大事に
される）尊い命だとし，イエス自身も子どもを愛するのである。「子どもたち
を，わたしのところに来させなさい」と言い，「神の国はこのような者たちの

ものなのです」と宣言した。このような子どもに対するイエスの強く激しい愛のまなざしが，聖書における人間教育の視点である。ただし，子どもが純粋で無垢で罪のない存在だと言っているのではなくて，「子どものように神の国を受け入れる者でなければ，決してそこに入ることはできません」とし，子どもは自分を愛し救ってくれる存在，つまり護り育ててくれる親や家族，教育者・保育者の存在に敏感に応答し，救いの手を感得することができ，またそれを求める。つまり神に守られていることを受け入れることができるのである。これが，イエスの子どもの見方である。

　以上のことから，聖書におけるイエスの子ども観（人間観）は，第一に，子どもは未熟な人間ではなく，未完成の存在ではないこと，つまり個が与えられた1人の人格であり，大人と対等に神から愛されているということである。さらに聖書は「神は人をご自身のかたちとして人を創造し，男と女に彼らを創造された」（創世記1：27）という。つまり「聖書の男女の人格理解は，人間は初めから男と女としてつくられ，それぞれ平等で対等の人格として取り扱われた」（広岡，2015）。第二に，子どもは愛され守られていることを感じ取ることができ，「あなたはどこにいるのか」（創世記3：9）という神の呼びかけに対して子どもたちは応答し，神を求めるのである。つまり，神の国の愛に自分を委ねることができる存在であるということである。こうした子ども観（人間観）から，イエスは「だれでもこの子どものように自分を低くする人が，天の御国で一番偉い人です」（マタイの福音書18：4），「あなたがたは，この小さい者たちの一人を軽んじたりしないように気をつけなさい」（マタイの福音書18：10）と，示しているのである。

　イエスの誕生が西暦年の開始である。今から2000年以上前から長い歴史を通じて，子どもを人格とし，大人も男女も含めて人格的平等性・対等性ということを理念とした神（イエス）の愛のまなざしが，人間教育の土台となり，今に至っている。本章で取りあげた教育哲学者たち，ルソー，ペスタロッチ，フレーベル，オーエン，ケイ，デューイにおいても，キリストの愛に根ざした教育が通底していたのであろう。

（本節は，新日本聖書刊行会訳（2017）『聖書　新改訳2017』いのちのことば社，日本聖書協会（2018）『聖書　聖書協会共同訳』，日本聖書協会（1987）『聖書　新共同訳』を参照し，聖句は『聖書　新改訳2017』より引用している。）

参考・引用文献

デューイ（1975）松野安男訳『民主主義と教育（上）』岩波書店。

デューイ（1996）宮原誠一訳『学校と社会（上）』岩波書店。

デューイ（1998）市村尚久訳『学校と社会』講談社学術文庫。

深谷潤・広岡義之編（2021）『教育の原理』ミネルヴァ書房。

フレーベル（1970）岩崎次男訳『人間の教育1』明治図書。

フレーベル（1960）岩崎次男訳『人間の教育2』明治図書。

フレーベル（1979）岩崎次男訳『幼児教育論』明治図書。

浜田栄夫（2009）『ペスタロッチ・フレーベルと日本の近代教育』玉川大学出版部。

広岡義之（2014）『新しい教育原理　第2版』ミネルヴァ書房。

広岡義之（2015）『森有正におけるキリスト教的人間形成論——人間の在り方と信仰』ミネルヴァ書房。

小玉亮子編（2020）『幼児教育』ミネルヴァ書房。

熊田凡子（2022）「世界の保育思想の歴史——ルソー，ペスタロッチ，オウエン，フレーベルに通底する子ども観と保育観」『探究——こどもコミュニケーション』北樹出版。

楠本史郎（2010）『幼な子をキリストへ　霊性をはぐくむ保育教育の理念』北陸学院大学臨床発達心理学研究会出版グループ北陸学院大学地域教育開発センター。

村井実（1986）『ペスタロッチーとその時代』玉川大学出版部。

日本聖書協会（1987）『聖書　新共同訳』。

日本聖書協会（2018）『聖書　聖書協会共同訳』。

オウエン（1961）五島茂訳『オウエン自叙伝』岩波書店。

パーマー（2008）小見のぞみ・原真和訳『教育のスピリチュアリティ　知ること・愛すること』日本キリスト教団出版局。

ルソー（1962）今野一雄訳『エミール（上）』岩波書店。

シントラー（2016）深谷潤訳『希望の教育へ』日本キリスト教団出版局。

新日本聖書刊行会訳（2017）『聖書　新改訳2017』いのちのことば社。

田岡由美子編（2018）『ともに生きる保育原理』みらい。

津守真・久保いと・本田和子（1959）『幼稚園の歴史』恒星社厚生閣。

辻直人・熊田凡子・齋藤英俊（2018）「森有正『アブラハムの生涯』の教育人間学的考察」『北陸学院大学・北陸学院大学短期大学部研究紀要』第10号151-164頁。

虎竹正之（1990）『ペスタロッチー研究』玉川大学出版部。

（熊田凡子）

第5章

日本の教育制度と思想の歴史

1 近世社会における子育てと教育——庶民の学習文化

　本節では，近世社会における子育てと教育について，庶民の学習文化を中心に述べていく。周知のとおり，日本で近世とは江戸時代を指すが，江戸時代は士農工商にみられるように身分制の社会であった。そのため，それぞれの身分に応じた教育があり，またわれわれがイメージするような日本全体として統一された教育制度があったわけでもない。そこで，本節では庶民を一端農民，商人，職人ととらえ，これらの者を対象に述べていく。

　江戸時代は，それまでと比較して社会が安定しており，こうしたなかで商品経済の発展や文字文化の展開がみられた。こうした社会の状況を背景として，庶民には文字の読み・書きや計算の力の習得が求められるが，どのようにして身につけていたのであろうか。これに大きな役割を果たしたのが，手習塾（寺子屋）である。

　手習塾ではその名称にもあらわれているように文字を身につけるための学びが展開されていた。手習塾を教育機関としてとらえると，どうしても現在の学校との類似性を想像してしまうが，実際にはこれとは異なる特徴をもっていた。

　手習塾では，通い始める年齢もそれぞれで異なっており，また時間割のようなものも存在しておらず，決まった時間に通塾することもなかった。子どもたちの生活スタイルにあわせた学びが展開されていたといえる。また，子どもたちが通う手習塾を決める際にも，文字の学びだけでなく，師匠の人柄なども考慮して入門していた。こうしたあり方から，手習塾には単に知識や技能を身につけるだけでなく，人間性に関わる教育が期待されていたといえる。

　手習塾における文字の学びは書くことを基本としたものであり，「いろはに
ほへと」からスタートし，子どもたちは師匠が書く手本をまねて，繰り返し書
くことをとおして文字を身につけていった。その後，『往来物』とよばれる手
紙形式で記された書物での学びへと進展していく。

　また学びの形式も，手習塾にやってくると，部屋に積まれた机（天神机）を
自分の好きな場所に置き，そこで文字の練習に勤しんだ。つまり，現在の学校
のように教室内で決められた席で同じ授業を受けるのではなく，それぞれの子
どもが自らに与えられた課題に個別に取り組んでいたのである。

　支配層である武士の教育は，諸藩が藩士のために設けた藩校でおこなわれた。
7～8歳くらいになると通い始め，そこでは四書五経の素読などが実施され
ていた。四書五経とは，四書が『論語』『大学』『中庸』『孟子』，五経が『易
経』『書経』『詩経』『礼記』『春秋』であり，武士が身につけるべきものとさ
れていた。また武芸なども奨励されていた。

　江戸時代は250年以上続いたが，幕藩体制も揺らぎをみせるようになってく
る。幕末，アメリカのペリー率いる黒船の来航にみられるように西洋列強が日
本に開国を求めてくるが，これへの対応が幕府の権威を失墜させていく。そし
て，公武合体の試みも頓挫し，倒幕運動が展開されるなか，1867年大政奉還が
おこなわれる。

2　近代公教育の創始と近代教育制度の確立

　江戸幕府の崩壊を受けて，新たに新政府が1868（明治元）年に樹立される。
新政府は，西洋列強による外圧に対し，きわめて強い危機意識をもっていた。
そのため，日本の近代化が急ピッチですすめられるが，天皇を中心とする中央
集権的な国家を作り上げていく上で国家を支える国民を育てるため，教育に大
きな役割が期待されていた。その際，イギリス，アメリカといった西洋先進国
からお雇い外国人と呼ばれる人たちが明治政府に雇用されていたことからもわ
かるように，日本の近代化とは西洋化であった点は特徴として指摘できよう。

　このため，学校教育もすでにある程度公教育制度が確立されていた西洋先進
国をモデルに近代学校等が導入されることになる。1871（明治4）年にそれま

で教育行政を担っていた大学を廃止して，新たにこれを担うための機関として文部省が設置された。そして，文部省の学制取調掛により教育・学校制度のあり方について検討がおこなわれ，1872（明治5）年に学制が公布されて，日本で初めて近代学校が設けられることとなった。この学制は，フランスの学区制をモデルとして，全国を8つの大学区，1大学区を32の中学区，1中学区を210の小学区に分けて，それぞれ大学校，中学校，小学校の設置を目指すものであった。なお，小学校は市町村の住民の寄附等によって設置することとされ，授業料も徴収された。また，小学校等の教員を養成する機関として師範学校が設置されている。

　学制によれば，小学校は「教育ノ初級ニシテ人民一般必ス学ハスンハアルヘカラサルモノトス之ヲ区分スレハ左ノ数種ニ別ツヘシ然トモ均ク之ヲ小学ト称ス即チ尋常小学女児小学村落小学貧人小学小学私塾幼稚小学ナリ」とされていた。また中学校は「中学ハ小学ヲ経タル生徒ニ普通ノ学科ヲ教ル所ナリ分チ上下二等トス二等ノ外工業学校商業学校通弁学校農業学校諸民学校アリ此外廃人学校アルヘシ」とされた。

　なお，学制には「学事奨励ニ関スル被仰出書」が附されており，これによれば，国民皆学，立身出世など学校教育の理念や方針が以下のように述べられている。

人々自ら其身を立て其産を治め其業を昌にして以て其生を遂るゆゑんのものは他なし身を脩め智を開き才藝を長するによるなり而て其身を脩め智を開き才藝を長するは學にあらされは能はす是れ學校の設あるゆゑんにして日用常行言語書算を初め士官農商百工技藝及び法律政治天文醫療等に至る迄凡人の營むところの事學あらさるはなし人能く其才のあるところに應じ勉勵して之に従事ししかして後初て生を治め産を興し業を昌にするを得へしされは學問は身を立つるの財本ともいふへきものにして人たるもの誰か學はすして可ならんや夫の道路に迷ひ飢餓に陥り家を破り身を喪の徒の如きは畢竟不學よりしてかかる過ちを生するなり従来學校の設ありてより年を歴ること久しといへとも或は其道を得さるよりして人其方向を誤り學問は士人以上の事とし農工商及び婦女子に至つては之を度外に置き，學問の何物たるを辨せす又士人以上の稀に學ふものも動もすれは國家の為にすと唱へ身を立るの基たるを知らすして或は詞章記誦の末に趨り空理虚談の途に陥り其論高尚に

似たりといへとも之を身に行ひ事に施すこと能はさるもの少なからす是すなはち沿
襲の習弊にして文明普ねからす才藝の長せすして貧乏破産喪家の徒多きゆゑんな
り是故に人たるものは學はすんはあるへからす之を學ふには宜しく其旨を誤るへか
らす之に依て今般文部省に於て學制を定め追々教則をも改正し布告に及ふへきにつ
き自今以後一般の人民^{華士族卒農工
商及婦女子}必ず邑に不學の戸なく家に不學の人なからしめん
事を期す人の父兄たるもの宜しく此意を體認し其愛育の情を厚くし其子弟をして必
ず學に従事せしめさるへからさるものなり^{高上の學に至りては其人の材能に任すといへとも幼
童の子弟は男女の別なく小學に従事せしめさるもの}
^{は其父兄の越
度たるべき事}

　但從来沿襲の弊學問は士人以上の事とし國家の為にすと唱ふるを以て學費及其衣
　食の用に至る迄多く官に依頼し之を給するに非されは學はさる事と思ひ一生を自
　棄するもの少なからす是皆惑へるの甚しきものなり自今以後此等の弊を改め一
　般の人民他事を抛ち自ら奮つて必す學に従事せしむへき様心得へき事

右通被仰［闕字］出候條地方官ニ於テ邊隅小民ニ至ル迄不洩様便宜解譯ヲ加ヘ精細
申諭文部省規則ニ随ヒ學問普及致候様方法ヲ設可施行事

明治五年壬申七月　太政官

　しかしながら，学制に示された制度を実現することは難しく，とくに小学校
への就学率は向上しなかった。そこで学制を廃止し，新たに1879（明治12）年
教育令がだされた。これは岩倉具視を特命全権大使とする遣欧使節団に随行し，
西洋の教育・学校制度を視察してきた文部大輔・田中不二麿がアメリカの教
育・学校制度を参考にしながら作成したものである。小学校は「普通ノ教育ヲ
児童ニ授タル所ニシテ其学科ヲ読書習字算術地理歴史
修身等ノ初歩トス土地ノ情況ニ随ヒテ罫画唱歌体操
等ヲ加ヘ又物理生理博物等ノ大意ヲ加フ殊ニ女子ノ為
ニハ裁縫等ノ科ヲ設クヘシ」とされていた。とくに義
務教育と関わっては，その特徴として，1879（明治12）
年教育令は自由教育令ともよばれるように小学校就学
率を上げるため，6歳から14歳までの8年間を学齢と
しつつも，その第14条で「凡児童学齢間少クトモ十
六箇月ハ普通教育ヲ受クヘシ」と8年間の小学校就学

図5-1　田中不二麿

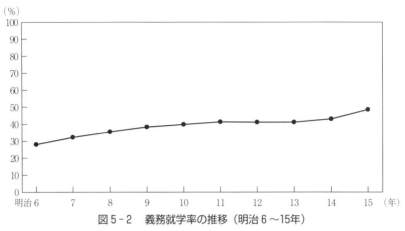

図5-2　義務就学率の推移（明治6～15年）

出所：文部省（1972）『学制百年史　資料編』のデータにより筆者作成。

を求めた学制に比して，就学義務を含め全体として緩やかな規定となっている。しかし，教育令も就学率の向上にはなかなか貢献できず，翌1880（明治13）年には，第13条で，学制と同様に「凡児童六年ヨリ十四年ニ至ル八箇年ヲ以テ学齢トス」とのみ規定し，より厳しく小学校への就学を国民に求める形で教育令改正がおこなわれた。本令では，例えば，「学務委員ハ府知事県令ノ監督ニ属シ児童ノ就学学校ノ設置保護等ノ事ヲ掌ルヘシ」（第12条）とあるように，市町村に置かれた学務委員が不就学の子どもの家を回って，就学を督促することとされた。とはいえ，これによっても，政府が期待したようには小学校への就学率は上昇しなかった。

図5-3　森有礼

こうした状況のなかで，教育を含め，戦前における天皇制国家体制が整備されていく。1885（明治18）年には内閣制が敷かれ，初代内閣総理大臣に伊藤博文が，初代文部大臣に森有礼が就任する。森は国民の教育に対する関心がきわめて強く1886（明治19）年には小学校令，中学校令，師範学校令，帝国大学令を勅令としてだした。小学校は，尋常小学校と高等小学校，中学校もまた尋常中学校と高等中学校，教員養成機関である師範学校も尋常師範学校と高等師範学校のそれぞ

れ2種類が設けられることとなった。そして，これら諸学校令により，戦前における学校制度の基盤が整備される。

なお，これ以降，教育に関する重要な法令は勅令でだされることが慣例となるが，これを教育における勅令主義という。

森がだした小学校令では，その第3条において「児童六年ヨリ十四年ニ至ル八箇年ヲ以テ学齢トシ父母後見人等ハ其学齢児童ヲシテ普通教育ヲ得セシムルノ義務アルモノトス」と規定されており，これにより初めて義務教育が明記されることとなった。公教育は一般に義務制・無償制・中立性を原則とするが，これらのうちの義務制がこれにより確立されたといえよう。

また，師範学校令では，その第1条に「師範学校ハ教員トナルヘキモノヲ養成スル所トス但生徒ヲシテ順良信愛威重ノ気質ヲ備ヘシムルコトニ注目スヘキモノトス」とあるように森は教員養成に力を入れた。すなわち，森は文部大臣就任以前の1885（明治18）年には東京師範学校に陸軍をモデルとした兵式体操を導入し，また文部大臣就任後は，上記の順良，信愛，威重の3つの気質をもった教員を，師範学校を全寮制とすることで養成しようとしていたといわれる。

3　天皇制公教育体制と教育勅語

1889（明治22）年には大日本帝国憲法が制定され，日本は立憲国家となるが，そこでは天皇主権が明記されていた。また，教育に関する条項は設けられていないが，教育は天皇の大権事項として考えられていた。そして1890（明治23）年には，井上毅によって作成されたとされる「教育ニ関スル勅語」（教育勅語）が以下の形で公表される。

朕惟フ二我カ皇祖皇宗國ヲ肇ムルコト宏遠二徳ヲ樹ツルコト深厚ナリ我カ臣民克ク忠ニ克ク孝ニ億兆心ヲ一ニシテ世々厥ノ美ヲ済セルハ此レ我カ國體ノ精華ニシテ教育ノ淵源亦實ニ此ニ存ス爾臣民父母ニ孝ニ兄弟ニ友ニ夫婦相和シ朋友相信シ恭倹己レヲ持シ博愛衆ニ及ホシ学ヲ修メ業ヲ習ヒ以テ智能ヲ啓發シ徳器ヲ成就シ進テ公益ヲ廣メ世務ヲ開キ常ニ國憲ヲ重シ國法ニ遵ヒ一旦緩急アレハ義勇公ニ奉シ以テ

天壌無窮ノ皇運ヲ扶翼スヘシ是ノ如キハ獨リ朕カ忠良ノ臣民タルノミナラス又以
テ爾祖先ノ遺風ヲ顯彰スルニ足ラン
　斯ノ道ハ實ニ我カ皇祖皇宗ノ遺訓ニシテ子孫臣民ノ俱ニ遵守スヘキ所之ヲ古今ニ
通シテ謬ラス之ヲ中外ニ施シテ悖ラス朕爾臣民ト俱ニ拳々服膺シテ咸其徳ヲ一ニ
センコトヲ庶幾フ

　教育勅語は，天皇の個人的な著作として公表されたものであるにもかかわら
ず，これ以降，戦前の日本の学校教育で道徳的な権威として大きな影響力をも
つこととなる。この背景には，教育勅語が尋常小学校の修身における主要な教
材として使用されたこととともに，天皇・皇后など皇族の公式写真である御真
影と合わせて学校儀式の重要な要素に加えられたことがある。すなわち1890
（明治23）年の小学校祝日大祭日儀式規程では儀式での「御真影への最敬礼・万
歳奉祝」や「教育勅語奉読」が含まれていた。あわせて，小学校における教科
の具体的内容などを定めた小学校教則大綱が1891（明治24）年にだされている
が，これによれば「修身ハ教育ニ関スル　勅語ノ旨趣ニ基キ児童ノ良心ヲ啓培
シテ其徳性ヲ涵養シ人道実践ノ方法ヲ授クルヲ以テ要旨トス」（第2条）とされ
ていた。

　この後，天皇制国家における大日本帝国憲法・教育勅語体制のもと，公教育
が確立していく。1900（明治33）年には小学校令が改正される。本令では，尋
常小学校の修業年限を4年間に統一し，あわせて義務教育年限の延長（6年間）
を見据えた改正がおこなわれた。また同年市町村立小学校教育費国庫補助法が
成立し，市町村立の小学校に対しては国による補助金が支出されることとなり，
これと関連して小学校令には「市町村立尋常小学校ニ於テハ授業料ヲ徴収スル
コトヲ得ス」（第57条）との規定が設けられ，義務教育の無償化が実現された。
この背景には，明治後期に入り，日清戦争における清からの賠償金や，日本が
産業革命を迎えたことで，国としても財政的な余裕がでてきたことがあった。

　日清戦争・日露戦争の勝利を経て，日本は先進国の仲間入りをし，「内に立
憲，外に膨張」に象徴されるように，帝国主義段階に入っていくこととなる。
日清戦争・日露戦争後の就学率の上昇とともに義務教育である小学校の制度的
な整備が急速に進められたのである。

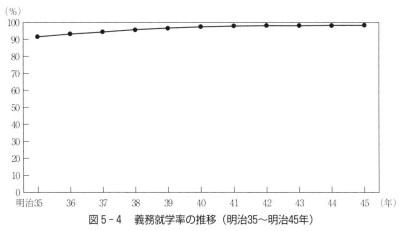

図 5 - 4　義務就学率の推移（明治35～明治45年）

出所：文部省（1972）『学制百年史　資料編』のデータにより筆者作成。

　また，この時期，私立学校に関する整備もおこなわれた。1872（明治 5 ）年の学制から私立学校の設置は認められていたが，制度的な整備が実施されないままにその数を増やしていった。こうした状況で，私立学校の経営や教育の実態，あるいは西洋先進国との不平等条約改正に伴う内地雑居問題（西洋先進国と結んだ不平等条約改正に際し，日本国内における外国人の居住，旅行や経済活動等の制限を撤廃して，これらを認めるかどうかをめぐって生じた問題）を中心にして，その位置づけを明確にする必要に迫られる。そこで，1899（明治32）年にはじめて私立学校を対象とした私立学校令が発布された。

　私立学校令と関わって，公教育の 3 原則の一つである中立性をみておかねばなるまい。中立性とは政治的中立性と宗教的中立性からなるが，私立学校令は宗教的中立性と深く関わっている。すなわち，私立学校令の発布と同時に文部省訓令第12号（「一般ノ教育ヲシテ宗教外ニ特立セシムルノ件」）がだされ，私立学校を含めた「官立公立学校及学科課程ニ関シ法令ノ規定アル学校」では宗教教育が禁止されることとなった。これについては，当初私立学校令で規定する予定となっていた。もちろん，私立学校における宗教教育の禁止は私立学校のレゾンデートル（存在理由）ともいえる建学の精神との関係で大きな問題を含んでいるが，これは第 5 節で触れることとする。

　小学校への就学率の急速な上昇に伴って，小学校卒業後の進学先として農業，

工業，商業を中心とした中等教育の拡充が図られる。1901（明治34）年の八幡製鉄所の設立に象徴されるように，日本は産業革命を迎えるなかで，産業界で活躍する人材の養成が必要となり，国は実業教育の振興に力を入れ，1899（明治32）年実業学校令が新たに制定，発布される。その第1条では「実業学校ハ工業農業商業等ノ実業ニ従事スル者ニ須要ナル教育ヲ為スヲ以テ目的トス」と規定している。なお小学校等に敷設された実業補習学校も本令における実業学校に含まれている。

　あわせて高等教育については，1894（明治27）年に高等学校令がだされており，その第1条に「第一高等中学校，第二高等中学校，第三高等中学校，第四高等中学校及第五高等中学校ヲ高等学校ト改称ス」とあるように，これまでの高等中学校を発展的に解消する形で高等学校が設置された。そして，高等学校の目的は第2条で「高等学校ハ専門学科ヲ教授スル所トス但帝国大学ニ入学スル者ノ為メ予科ヲ設クルコトヲ得」とその性格が明記された。また1903（明治36）年に専門学校令が発せられ，これまで各種学校として存在していた専門的な学術を教授する教育機関を整備し，「高等ノ学術技芸ヲ教授スル学校ハ専門学校トス」（第1条）として，学校体系に明確に位置づけたのである。

　女子教育についての動きにも触れておく必要があろう。戦前は小学校以降の教育では男女別学が基本であり，男子の中等教育機関として中学校が，高等教育機関として帝国大学等は存在していたが，女子の小学校卒業後の教育機関は整備されないままにあった。そこで，1899（明治32）年にようやく高等女学校令が発布され，「女子ニ須要ナル高等普通教育ヲ為スヲ以テ目的」とする高等女学校が原則4年を修業年限とする女子の中等教育機関として学校体系に位置づけられることとなった。そして，高等女学校ではいわゆる良妻賢母教育が実施されたのである。

　1908（明治41）年10月には，「戊申詔書」が明治天皇の詔書として発布されている。戊申詔書はつぎのように述べている。

　朕惟フニ方今人文日ニ就リ月ニ將ミ東西相倚リ彼此相済シ以テ其ノ福利ヲ共ニス朕ハ爰ニ益々國交ヲ修メ友義ヲ惇シ列國ト與ニ永ク其ノ慶ニ頼ラムコトヲ期ス顧ミルニ日進ノ大勢ニ伴ヒ文明ノ惠澤ヲ共ニセムトスル固ヨリ内國運ノ發展ニ須ツ戦後

> 日尚浅ク庶政益々更張ヲ要ス宜ク上下心ヲ一ニシ忠實業ニ服シ勤儉産ヲ治メ惟レ信
> 惟レ義醇厚俗ヲ成シ華ヲ去リ實ニ就キ荒怠相誡メ自彊息マサルヘシ
> 　抑々我カ神聖ナル祖宗ノ遺訓ト我カ光輝アル國史ノ成跡トハ炳トシテ日星ノ如シ
> 寔ニ克ク恪守シ淬礪ノ誠ヲ論サハ國運發展ノ本近ク斯ニ在リ朕ハ方今ノ世局ニ處
> シ我カ忠良ナル臣民ノ協翼ニ倚藉シテ維新ノ皇猷ヲ恢弘シ祖宗ノ威徳ヲ對揚セムコ
> トヲ庶幾フ爾臣民其レ克ク朕カ旨ヲ體セヨ

　戊申詔書がだされた背景には，日本は先進国の仲間入りをする一方で日露戦争後の不安定な社会状況があった。すなわち社会主義や共産主義から影響を受けるなかで労働組合が日本ではじめて結成されるなど，労働者の権利を要求する労働運動がさかんになり，社会的混乱を是正することが求められ，また，こうした不安定な社会状況を背景に，教育勅語のもっていた権威に動揺がみられるようになったため，これを補完する必要が生じてきていたのである。

4　大正新教育の展開

　第3節までで述べてきた明治政府による近代的な教育・学校制度の確立のためのプロセスは，天皇制国家のもとでの天皇制公教育体制を確立するための取り組みであった。この点からいえば，全国的に統一された教育・学校制度はもちろんのこと，尋常小学校といった義務教育であつかわなければならない教育内容や教育方法もその例外ではなかったといえる。

　このような状況に対抗する形で登場するのが，大正新教育である。大正時代は，普通選挙法の制定や民本主義といった大正デモクラシーに代表されるように時代の雰囲気は民主的なものであったとされる。このような時代において，J.デューイをはじめとする西洋の教育思想などから影響を受けた新教育運動が世界的には展開されていた。そして，これが日本においてもきわめて特色ある教育として花開いたのである。

　大正新教育は，1921（大正10）年8月に開催された講演会である「八大教育主張」の演題にも表れているように，児童・生徒一人一人の個性に応じた教育，児童・生徒の自主性・自発性にもとづく教育を目指すものであった。すなわち，

図5-5　小原国芳

本講演会では，手塚岸衛が「自由教育の真髄」を，及川平治が「動的教育論の要点」を，小原国芳が「全人教育論」を主張したのである。そして，実際に手塚は千葉師範学校附属小学校において，及川は明石女子師範学校附属小学校において，小原は自らが設立した玉川学園において，これらの教育を実践したのである。

　しかしながら，大正新教育は，師範学校附属小学校や東京を中心として設立された私立小学校における取り組みにとどまっており，全国的な広まりをみせることはできなかった。ここに大正新教育の限界があったのであり，こうした個性ある教育への取り組みは昭和戦前期へと入っていくなかで天皇制公教育体制に飲み込まれてしまう結果となったのである。

　なお，都市部を中心に大正時代に誕生することとなる新中間層が学校教育の普及に果たした役割もきわめて大きいものがあった。資本主義が進展するなかで，都市が成立してくるとともに給与生活者いわゆるサラリーマンが誕生し，都市に生活の基盤をおく新中間層が誕生する。新中間層の人々は，それまでの農村における村落共同体から解放され，都市において新たな生活様式を確立していくが，とくに新中間層が築いた家庭は，子どもの教育にきわめて熱心であった。

　大正時代には，1918（大正7）年に大学令が制定され，中等教育を修了した者の受け皿となる高等教育の充実が図られる。大学令が制定されるまでは，大学は官立の帝国大学しか設立が認められておらず，公立や私立の高等教育機関は専門学校として存在していた。

　大学令では，大学の目的を第1条で「大学ハ国家ニ須要ナル学術ノ理論及応用ヲ教授シ並其ノ蘊奥ヲ攻究スルヲ以テ目的トシ兼テ人格ノ陶冶及国家思想ノ涵養ニ留意スヘキモノトス」とし，第4条で「大学ハ帝国大学其ノ他官立ノモノノ外本令ノ規定ニ依リ公立又ハ私立ト為スコトヲ得」として，公立及び私立の大学設置が認められることとなった。これを受けて，公立では大阪医科大学や愛知医科大学が，私立では慶應義塾大学，早稲田大学，東京商科大学，明治大学，法政大学，中央大学，日本大学，國學院大學，同志社大学が1920（大正

9）年の 4 月までに認可されている。

　また都市部を中心として広まりをみせつつあった幼稚園についても1926（大正15）年にはじめて，幼稚園を包括的に指定した幼稚園令が勅令として制定された。本令では，幼稚園の目的を「幼稚園ハ幼児ヲ保育シテ其ノ心身ヲ健全ニ発達セシメ善良ナル性情ヲ涵養シ家庭教育ヲ補フヲ以テ目的トス」（第 1 条）と述べ，家庭教育を補完する教育機関として位置づけている。

5　天皇制公教育と戦後民主主義教育のゆくえ

　大正時代も終わりを迎え，昭和戦前期に入ると陸軍を中心とした軍部が政府内に台頭してくるが，これは教育の軍国主義化に大きな影響を及ぼすことになる。これを象徴するのが1937（昭和12）年の日中戦争に始まるアジア・太平洋戦争である。

　アジア・太平洋戦争では，総力戦体制のもとで，国そのものが戦争に協力する体制を整えることとなった。そのために国家精神総動員法や国家総動員法が制定され，学校教育もまた戦時体制に取り込まれていく。

　1939（昭和14）年には「青少年学徒ニ賜ハリタル勅語」がだされているが，これには下記のように述べられていた。

國本ニ培ヒ國力ヲ養ヒ以テ國家隆昌ノ気運ヲ永世ニ維持セムトスル任タル極メテ重ク道タル甚ダ遠シ而シテ其ノ任實ニ繋リテ汝等青少年学徒ノ雙肩ニ在リ汝等其レ気節ヲ尚ビ廉恥ヲ重ンジ古今ノ史實ニ稽ヘ中外ノ事勢ニ鑒ミ其ノ思索ヲ精ニシ其ノ識見ヲ長ジ執ル所中ヲ失ハズ嚮フ所正ヲ謬ラズ各其ノ本分ヲ恪守シ文ヲ修メ武ヲ練リ質實剛健ノ気風ヲ振勵シ以テ負荷ノ大任ヲ全クセムコトヲ期セヨ

　上述のように，学校教育が戦時体制に取り込まれたことは，学徒勤労動員，学徒出陣といった動きに象徴的に表れているといえよう。学徒勤労動員は1943（昭和18）年から実施されるが，これは，戦時下における労働力不足を解消することを目指して，中等学校以降の生徒・学生を軍需産業等に動員したものである。また，1944（昭和19）年には学徒勤労令が制定され，「国家総動員法第五条

ノ規定ニ基ク学徒（国民学校初等科及之ニ準ズベキモノノ児童並ニ青年学校ノ生徒
ヲ除ク）ノ勤労協力及之ニ関連スル教職員ノ勤労協力（以下学徒勤労ト総称ス）
ニ関スル命令並ニ同法第六条ノ規定ニ基ク学徒勤労ヲ為ス者ノ使用又ハ従業
条件ニ関スル命令ニシテ学徒勤労ヲ受クル者ニ対スルモノニ付テハ当分ノ内本
令ノ定ムル所ニ依ル」（第1条）とされ，学校において組織された学校報国隊を
中心に学徒勤労動員が実施されたのである。

　また，学徒出陣は1943（昭和18）年に兵力の不足を補うために20歳以上の高
等教育機関の男子学生を徴兵し，戦地に向かわせるためのものであった。

　このように，戦時下において，中等教育機関や高等教育機関をはじめとして
通常の学校教育を実施することはできなくなっていた。小学校も例外ではなく，
戦時体制に取り込まれていく。すなわち，1941（昭和16）年に国民学校令が制
定され，これまでの小学校はすべて国民学校に解消されている。国民学校の目
的は，第1条において「国民学校ハ皇国ノ道ニ則リテ初等普通教育ヲ施シ国
民ノ基礎的錬成ヲ為スヲ以テ目的トス」とされ，その教科目もまた国民科，体
錬科，芸能科などの形に再編統合された。また中等教育も1943（昭和18）年の
中等学校令で中学校，高等女学校，実業学校が中等学校としてまとめて規定さ
れた。本令では中等学校の目的が第1条で「中等学校ハ皇国ノ道ニ則リテ高等
普通教育又ハ実業教育ヲ施シ国民ノ錬成ヲ為スヲ以テ目的トス」と定められて
いた。このように国民学校や中等学校における学校教育は「皇国ノ道」すなわ
ち教育勅語にいう「天壌無窮ノ皇運ヲ扶翼ス」る国民の育成を目指すことが
目指されたのである。

6　キリスト教教育の歴史的意義

　本節では，キリスト教教育の歴史的意義として，戦前の私立学校のあり方を
キリスト教主義学校を対象として述べていく。天皇制公教育体制と私立学校，
とくにキリスト教を建学の精神とする私立学校であるキリスト教主義学校の関
係をみることは，天皇制公教育体制のもっていた性格を明らかにすることにも
つながる。こうした視点にたって，戦前日本の私立学校が天皇制公教育のなか
でどのような位置づけを与えられていたかの一端をみていきたい。本節では，

とくに1899（明治32）年に私立学校令とともにだされた前述の文部省訓令第12号とこれへのキリスト教主義学校の対応と，1940（昭和15）年の基督教教育同盟会校長会における申し合わせとこれへの対応に焦点をしぼってみていく。その前に私立学校やキリスト教をとりまく状況を少し確認しておきたい。

　私立学校は，1872（明治5）年の学制から私人が私財により設立する学校として設置が認められていた。私立学校の設置形態については，ながらく個人が設置する形がとられていたが，1898（明治31）年の民法施行を受け，社団法人ないし財団法人が設置することも可能となった。さらに1911（明治44）年の私立学校令改正からは中学校及び高等女学校は財団法人により設置することが規定された。1918（大正7）年の大学令で私立大学の設置が認められるが，この場合も財団法人であることが求められた。

　また，周知のとおり，キリスト教について江戸幕府は禁教政策をとっていた。また明治政府も当初は禁教政策をとるが，西洋諸国との対外的な関係等も影響し，1873（明治6）年からは黙許の形がとられていた。そして1890（明治23）年には大日本帝国憲法が発布され，日本は立憲国家としての体裁をとることとなり，信教の自由について第28条で「日本臣民は，安寧秩序を妨げず，臣民の義務に背かない限り，信教の自由を有する」と信教の自由が認められることとなった。しかしながら，これは条文にあるように「安寧秩序を妨げ」ないという条件付のものであった。

　文部省訓令第12号とキリスト教主義学校の対応を述べていく。私立学校令と文部省訓令第12号は直接的には外国人の内地雑居問題をその要因としていたが，あわせて伏線と考えられるものがあった。例えば内村鑑三による一高不敬事件とこれをめぐっての論争である。すなわち，一高不敬事件とは，内村鑑三が教育勅語に対して拝礼をしなかったとされ，これが天皇に対する不敬にあたるとされた事件である。こうした状況を背景に，教育関係雑誌の『教育時論』が帝国大学教授であった井上哲次郎に取材したところ，井上は天皇制公教育とキリスト教とは相容れないものであることを主張し，これを『教育と宗教の衝突』として記した。これに対しては，キリスト者の側からキリスト教の考えは決して天皇制と相反するものではないとの反論がなされ，井上とキリスト教の間で論争が起こったのである。

このような教育と宗教をめぐる状況に一つの答えを与えたのが，学校におけ
る宗教教育の禁止を定めた文部省訓令第12号であったといえる。この訓令は主
に男子中等教育を施すキリスト教主義学校を苦境におくものであった。なぜな
ら，当時私立学校の男子教育機関にはキリスト教主義学校を含めて徴兵猶予の
特典が与えられていたのであるが，本訓令が発せられたことにより，この特典
を捨てて，各種学校として，キリスト教主義学校のレゾンデートルであるキリ
スト教教育を守り続けるか，キリスト教教育を止めて，徴兵猶予の特典を維持
し続けるかの選択を迫ったためである。徴兵猶予の特典を捨てることは，生徒
が集まらないことを意味するものでキリスト教主義学校の生徒募集に大きな影
響を与えるものであった。

　結果として，多くのキリスト教主義学校はキリスト教教育を守りつつ，徴兵
猶予の特典を再び得るために文部省に働きかけをおこなう道を選択している。

　このような状況で，キリスト教主義学校は建学の精神を守りつつ，何とか存
続できていたが，昭和戦前期にはさらなる苦境にたたされる。そこで，基督教
教育同盟会校長会における申し合わせとこれへの対応について述べていく。

　この時期には当時男子中等教育をおこなう学校に教練を担当するために陸軍
から派遣されていた配属将校をめぐって，陸軍とキリスト教主義学校の間でさ
まざまな問題を生じたのである。例えば，カトリックでは1932（昭和7）年の
上智大学靖国神社参拝拒否事件*，プロテスタントでは1935（昭和10）年の同志
社神棚事件**，1937（昭和12）年の同志社チャペル籠城事件***などがあるが，これ
らはいずれも配属将校が関係した事件とされている。

　　＊上智大学靖国神社参拝拒否事件：1932（昭和7）年，配属将校が靖国神社に引率
　　した際，一部の学生が参拝を拒否し，陸軍が配属将校を引き揚げた事件（上智大学
　　事件ともいう）。上智大学は文部省から神社参拝は宗教行為ではないとの回答を得
　　て，1933（昭和8）年，上智大学に再び配属将校が任命された。
　　＊＊同志社神棚事件：1935（昭和10）年，同志社高等商業学校で起こった事件。同
　　志社が武道場に神棚を掲げていないことを，配属将校は同志社が国の根本精神に反
　　すると主張し，陸軍は配属将校を引き揚げようとした。そのため，同志社はやむな
　　く神棚を掲げた。配属将校の引き揚げは，徴兵猶予の特典を失うことを意味した。
　　＊＊＊同志社チャペル籠城事件：同志社大学予科で1937（昭和12）年に，配属将校
　　が学生を煽って，同志社総長の退任，同志社のキリスト教との絶縁等を求めて，一

部学生がチャペルに立て籠もった事件。本事件の背景には，同志社がキリスト教主義を教育の方針に掲げることへの配属将校の不満があった。

　こうして，日本がアジア・太平洋戦争に入っていくなかで，キリスト教主義学校が外国のミッションとつながりをもっていることが問題視される。すなわち，多くのキリスト教主義学校は，外国ミッションから人的，財的な援助を受けていたが，とくにキリスト教の場合，敵国視されていたイギリス，アメリカとのつながりが深いものが多かった。1940（昭和15）年に第 2 次近衛内閣が成立し，国の総力戦体制および高度国防国家樹立に向けた新体制運動が展開されるが，このなかで，キリスト教主義学校は外国ミッションとの関係を断ち切ることになる。国防との関係でいえば，防諜の点から外国人宣教師はスパイ視されることさえあったのである。

　そこで，プロテスタントのキリスト教主義学校による同盟組織であった基督教教育同盟会は，1940（昭和15）年に校長会を開催し，外国ミッションとの関係を断ち切る申し合わせをおこなっている。本申し合わせでは，学校の設置者であった財団法人やこれが設置する学校等の要職から外国人を排除することを決定し，キリスト教主義学校の多くがこの決定にもとづき，実際に理事長や校長を日本人に変えていった。そして，排除された外国人の多くは日本を去り，帰国の途についた。また，同時期，キリスト教主義学校は，設置者である財団法人の教育目的を記した寄附行為からキリスト教主義の文字を消し，代わりに教育勅語の精神にもとづく教育をおこなうことを記載することが求められた。

　このように文部省訓令第12号が発せられた際には，天皇制公教育とキリスト教主義学校は一定程度対峙しながら，なんとかキリスト教主義教育を維持していこうとする動きもみられたが，戦時下ではキリスト教主義学校は天皇制公教育に取り込まれており，教育政策に自発的服従を強いられながら，こうした状況のなかでキリスト教主義教育を維持する道を模索するしかなかったといえよう。しかしながら，キリスト教教育の歴史的意義もまたここにあるといえる。すなわち，現代日本において，キリスト教主義学校では建学の精神にもとづく教育を展開しているが，これは戦前キリスト教主義学校がキリスト教教育の維持に関わって何度かの苦境に立たされながらもこれを維持し続けるための努力

の上に立っているものである。

参考・引用文献

土肥昭夫（2004）『日本プロテスタント・キリスト教史』新教出版社。

国立公文書館デジタルアーカイブ https://www.digital.archives.go.jp/（2024年3月20日閲覧）。

久保義三・米田俊彦・駒込武・児美川孝一郎（2001）『現代教育史事典』東京書籍。

檮松かほる・大島宏・高瀬幸恵・柴沼真・影山礼子・辻直人（2017）『戦時下のキリスト教主義学校』教文館。

文部省（1972）『学制百年史』ぎょうせい。

森川輝紀・小玉重夫（2012）『教育史入門』放送大学教育振興会。

日本キリスト教歴史大事典編集委員会編（1988）『日本キリスト教歴史大事典』教文館。

小野雅章（2023）『教育勅語と御真影　近代天皇制と教育』講談社。

尾崎ムゲン（1991）『日本資本主義の教育像』世界思想社。

佐藤秀夫（2004）『教育の文化史1　学校の構造』阿吽社。

（大迫章史）

第 **6** 章

発達（成長）と教育

1 発達の意味

　本節では，教育における「発達」の意味を，子どもと養育者との間の「信頼関係」を軸に考察してみたい。なぜなら，子どもは，子ども単独で発達するような単純な存在ではないからである。常に子どもは他者との関わりのなかで良くも悪くも成長発達する存在だからである。どのような関わりを養育者がすると，子どもは健全な発達をしていくのかを考察することにする。

（1）被包感をいだかせる雰囲気の重要性

　ボルノー（O. F. Bollnow）に従えば，子どもの「健全な人間的発達」にとって，子どもにこの世界のなかで被包感をいだかせる家囲気がなによりも不可欠である。その際，子どもは当初，自らを取り巻く家と家族，とりわけ母親という特定の人間から与えられる保護と愛のなかで，母親への絶対的な信頼によって，被包感を抱くようになる。母親への信頼は，子どもの成長とともにいつかは絶対性を失わざるをえない。しかし幼いときに被包感をもちえなかった人間は，不幸や絶望の彼方に「至福」の世界を希求することはありえないとボルノーは確信している。

　ボルノーは，子どもを保護する家庭には，一般的に信頼され安定感を与える者から放射される感情が充満しているという。子どもがそこで抱く信頼の感情は，すべての健全な「人間的発達」にとって，第一の不可欠な前提である。こうした家囲気のなかでのみ，子どもは正しく「発達」することができ，また逆に世界は子どもに対して意味を帯びた世界秩序を開示してくれる。しかし反対

に，先の被包感が欠如する場合，世界は子どもに脅迫的に迫ってくるし，そこで子どもは人生への意志を失い，希望することなく萎縮してしまう。つまり子どもは正しい「発達」ができなくなってしまうのである（ボルノー，1980）。

（2）幼児と母親の信頼関係

　ボルノーによれば，意味をもち安心して住める被包感のある世界は幼児にとってはさしあたり，特定の愛する他人，具体的には母親に対する人格的な信頼関係においてのみ開けてくる。それゆえ包まれて護られているという普遍的な気分は，人生の最初から愛する特定の個人と結びついているといえるだろう。そしてそこから初めて子どもにとって世界とは，安心して住むことのできる住み心地よい空間になりうるのである。たとえば母親の世界に属するものは幼児にとって「好きなもの・良いもの」であり，反対に母親が閉め出すものは「嫌なもの・悪いもの」となる（ボルノー，1980）。

（3）幼児の「発達段階」が進むことによる信頼関係の変化

　ボルノーによれば，幼児が母親に対していだく信頼は絶対的であることは言うまでもない。極言すれば，両親は幼児にとって，養育者という観点から絶対者のような存在である。しかしやがて子どもが大人に寄せる信頼は，子どもの発達段階が進むにつれて二重の方向に拡大してゆく。第一にこれまでの母と父に対する幼児の無条件の信頼は，継続され保護されなければならない。また粗暴な手によって引き裂かれ幼児が心の傷を受けることがあってもならない。

　しかし第二の局面では，子どもの独立性が増し「発達段階」が高まるにつれて，これまで無条件に両親を信頼していた子どもの心に疑問が生じ始め，いつかは崩壊することになる。なぜなら親は不完全な人間であることに子ども自身が気づき始めるからである。子どもは，愛する両親からでさえ，人間的な弱点を体験せざるをえなくなる（ボルノー，1980）。

2　子どもの育ちを支える教育的・絶対的信頼

（1）日本でも教師が尊敬されているか

　現在の日本では「教師が尊敬されている」と胸をはって言い切れるだろうか。子どもが心の奥底で強くもつのは，尊敬し信頼できる教師に出会って，その人のもとで学び成長したいという欲求である。もしこの欲求が満たされるならば，子どもの魂は活気づき，人間らしい気高い道を歩むようになれるという。

　フィンランドにおける教育の成功の秘密を，「尊敬できる教育者」の存在にあると把握する日本の教育関係者がはたしてどれだけ存在するだろうか。むしろ日本では，フィンランドで使用されている教科書やカリキュラムの内容にこそ秘密があると見て，その紹介や利用の側面ばかりが注目されすぎていると広瀬俊雄は警鐘を鳴らしている。

　こうした教育における厚い信頼関係の重要性は，教師と子どもの関係だけでなく，親子の間でも非常に重要であることを広瀬は鋭く指摘している。親が子どもから尊敬され，子どもと厚い信頼関係を構築できている場合には，子どもは何事にも積極的に取り組み，学習意欲も旺盛になり，道徳心が育ち，学力も着実に伸びる。総じて子どもの「発達」は健全なものとなる。しかし逆に親子間に信頼関係が築けていない場合には，未知のものや難しいことに挑戦する姿勢も乏しくなり，親への不満が爆発し，家庭内暴力もおこりうるというのである（広瀬，2009）。

（2）子どもの親や教師への信頼の弱体化

　広瀬俊雄は，最近の日本の子どもや若者の主要問題を次の三つすなわち，①学力の低下，②道徳性の未熟さ，③若々しいエネルギーの不足と考えている。日本の教育関係者は，これらの三つの問題の原因を「ゆとり教育」等に帰し，その克服の方途として，授業時数の増加や教育内容の増大を打ち出した。しかし上述の根本的な原因が，子どもの親や教師への信頼の弱体化にあるとの見方が希薄であることに広瀬は危機感を訴えている。

　広瀬によれば，偉大な教育の先人たちは信頼関係を大切にしたという。ペス

タロッチにしても教育の決め手は，教師と子どものゆるぎない信頼関係であることを明言した。シュタイナー（R. Steiner, 1861-1925）も，教育における芸術性を重視しつつ，とりわけ子どもから尊敬され，信頼される教師の存在の大切さを繰り返した。ヘレン・ケラー（H. A. Keller）を育てたサリヴァンもまた，教育の成否がヘレンの信頼を得られるかにかかっていることを意識して，教育の実践に取り組んだ。ヘレンの心の成長発達と学力向上は，誰もが認めるところであるが，その秘訣はサリヴァンとの厚い信頼関係にあった（広瀬, 2009）。

（3）子どもに畏敬の念をもつ

　親や教師が子どもから尊敬され，子どもと厚い信頼関係を築くために最も重要な心的態度は，親や教師が子どもに対して深い「畏敬の念」をもつことであり，こうしたあり方は，親や教師の「心」の中の問題である。一般に，小さな子どもは親や教師の「心」の中を理解しないあるいはできないと推測するが，こうした考え方こそ，大人の側の一方的できわめて皮相な見方であると広瀬は批判する。

　むしろ子どもは大人以上に心のなかをかぎとる鋭敏な感覚をもっており，大人が自分に畏敬の念を抱いているかどうかを鋭く察知する。「子どもに畏敬の念をもつ」という考え方は，西欧では18世紀頃から，ペスタロッチやフレーベルらによって主張されてきたし，この考え方は今日でもシュタイナー教育にかかわる親や教師たちの間では，最も重要な教育観となっている（広瀬, 2009）。

（4）幼児期の子どもとの厚い信頼関係の築き方

　一緒に教師や親と子どもとの信頼関係を問題にするとき，小・中・高校生との関係を考えがちであるが，それだけでは不十分で，保育園や幼稚園に通う幼児期の子どもとの信頼関係として捉えるべきである。幼児期の子どもも，敬愛し信頼できる大人を切に求めており，その欲求は実に強く大きいという。なぜならこの時期の子どもは，自分がこのうえなくか弱い存在であること，したがってどの時期よりも他人の援助を必要としており，それなしには生きられないことを無意識のうちに感じているからであるという。

　しかしこの信頼できる大人が絶えず自分の側にいてほしいという幼児の欲求

は，今日では十分に満たされておらず，そのことに不満を強くもつ幼児が最近，増加しているという。その兆候としてたとえば，ままごと遊びの減少，話を静かに聞けない幼児の増加，幼児の不登校やけんかの頻発，歩くことをいやがる幼児の増加等が挙げられる。こうした自己中心性が肥大化した幼児の増加，仲間と遊べない幼児たちの「発達」に関する問題点の深刻さが頻繁に報告され始めた（広瀬，2009）。

（5）「児童期」の子どもとの厚い信頼関係の築き方

　幼児期の次は「児童期」の子どもとの厚い信頼関係の築き方について考察してみよう。子どもの欲求は，幼児期，児童期および思春期，青年期によって異なることはいうまでもない。「児童期」の成長にきわめて大切な欲求とは，自分の側に厚く「信頼できる人物」をもちたいと思う欲求である。本来，「幼児期」では，周囲の人たちをすべて道徳的な存在，つまり自分をよりよい「発達」へと導いてくれる善良で信頼に値する援助者とみなし，信じきって受け入れようとする気持ちが強いが，これは子どもの本性に他人を信頼する心があるからである。

　元来，「信頼の心」は，道徳性に関わることであり，この「心」の育成には，小学校の「道徳の時間」が重要な教育方法となる。「私の親は全幅の信頼をおくことのできる人なのだ」という深い体験，また「私の先生は心の底からすべて従ってついていくことのできる信頼がもてる教師だ」という子どもの体験が不可欠である。子どもが小学校に入学してから最も強く欲するのは，信頼に足る親および教師という人的な環境であり，そうした体験を通してのみ子どもの「信頼の心」は育つのである（広瀬，2009）。

（6）教師や親の実存的な生き様を見せることの重要性

　道徳的な生き方に対する児童期の子どもの関心はきわめて強く大きい。優れて道徳的な生き方をしている人に対して，子どもは感嘆の声をあげるという。反対に，不道徳な生き方をしている人には反感を強め，憎悪の感情を募らせる。

　2007年9月に京都府で起こった16歳の少女による父親殺しの事件は私たちにも強烈な印象をもたらした。新聞報道によれば，この少女は小学生の頃から，

父親の「女性関係」に強い反感を抱いており，その殺人行為の要因の一つは，女性関係への反感だったという。

　広瀬は，この問題を道徳的な生き様という課題に引き付けて，人が後世に残すことのできる最大の遺物という視点から，内村鑑三の生き様を取り上げている。名者『後世への最大遺物』(1897)の著者である内村は，道徳的な生き様を「勇ましい高尚な生涯」と呼んだが，こうした生き方は，自分の意志さえしっかりしておけば，誰もがこの世に残せるものだと主張する。子どもが尊敬に値する人物の生き様を真似たいという欲求を教師が満たすことの重要性について論じている点がきわめてユニークである（広瀬，2009)。

（7）「思春期」の子どもとの信頼関係を築くための基本姿勢

　子どもたちが児童期からやがて中学生になり，「思春期」に入ると，幼児期や児童期と違って，親や教師から次第に離れ，自分で考え，生活することを望む欲求が急速に高まるようになる。その意味で思春期の子どもたちも親や教師から離れてゆくとはいえ，彼らは親や教師を不必要と思っているわけではない。思春期の子どもでも，親や教師の存在を必要と思い，信頼関係のなかで生きたいと願っている。たしかに小学生のほうが，思春期の中学生や高校生よりもその欲求は強く大きいけれども，中学生や高校生でも「信頼できる人物」への欲求はまだまだ強いと考えるべきであろう。思春期の子どもでも，信頼できる人物をもつことができれば十分，悩みも解決でき，不安や心配も和らぎ，落ち着きをもって生活できるものである。その結果，彼らは学ぶ意欲も旺盛になり，懸命に勉強するようにもなる。

　近年，思春期の子どもたちの教師への暴力が増加しているが，その状況は信頼できる教師の不在に対する思春期の子どもの不満の爆発を示すものに他ならない。実際，多くの教育関係者は，思春期の子どもの対教師暴力の原因を「子どもの対人関係能力の低下」「キレやすくなった子ども」という言葉で説明しようとしている。しかし思春期の子どもの暴力行為が増加していることについて，子どもの側に原因を押し付けるのは一方的であると広瀬は批判する。そこには信頼できる人物の不在や教師への不信も原因の一つであると推測されている（広瀬，2009)。

3 シュタイナーにおける子どもの「発達段階」の理論

シュタイナー教育もしくはヴァルドルフ教育は，ドイツ国内だけでなく，アメリカ，イギリス，オランダ，スイス，オーストラリアその他の80か国に広まっている。ドイツでは，青少年の自殺，麻薬中毒，落第生の増大等，教育の危機的状況が続くなかで，その問題克服のお手本としてシュタイナー教育が求められたのである。シュタイナー学校は，1919年9月南西ドイツの都市，シュットガルトで創設された。それから100年の節目を経て，世界中に1000校を超える姉妹校が設置されて，現在に至っている（広瀬・遠藤ほか，2020）。

そこで私たちは本節で，子安美知子の著作（1992）に従いつつ，ルドルフ・シュタイナーによって，1919年ドイツのシュトットガルトで開始されたきわめて独創的な「自由ヴァルドルフ学校」およびシュタイナーの人間観を取り上げて論じてみたい。

（1）自由ヴァルドルフ学校が達成したい教育目標

人間が他者からの指示で行動するのではなく，自己を管理し，自分は何ができるのかを自覚できる存在に到達できるような教育を，独自の人間観に根ざし生活共同体学校で進めていったのが，ドイツの神秘思想家で個性的な私立学校を世界中に普及させたシュタイナーであった。テストや通信簿にも点数がつかず，授業や教科書もまったく使わない学校。これがシュタイナーの提唱した自由ヴァルドルフ学校である。たとえば，高校卒業から大学に入るあたりまでに達成したい教育目標を，「子どもが，自分で自分をしっかり捉え，一番深い内部の欲求から，自覚的に行動すること」と設定している。

シュタイナーは彼の学校で，「自由を獲得した人間」を育成しようと試みてきた。ここでの自由とは，「自由放任」ではなく，およそ21歳前後で成人して世の中へ出ていくとき，外の権威に頼ったり，世の中のすう勢に左右されたりしないで，自分自身の内部で考え，その考えたことには自己の感情がこもっており，しかも，その考えたことを実行できるという行為まで伴う，そういう状態を「自由」と定義し，生徒たちに真の自己実現を可能にするカリキュラムを構

図6-1　シュタイナー

成したのである（子安，1992）。

（2）人間を形成する四つの構成体とそれぞれの年齢発達段階での教育課題

シュタイナーは人間を形づくる構成体を物質体・生命体・感情体・自我の四つに分けて考えている。

① 0歳から7歳までの「第一・七年期」

第一は眼に見える「物質体」，つまり母親の胎内から誕生した肉体として捉えている。まず「物質体」として母親の胎内から生まれ出るが，残る三つの構成体はまだ膜に包まれている。2・3歳から5歳くらいの子どもの場合，「物質体」の次に臨月を迎えるのは，「生命体」である。最初の「生命体」が臨月を迎えるまでの0歳から7歳までを「第一・七年期」と呼ぶ。この「第一・七年期」の教育の課題は，身体の諸機能が十分に，健全に働くようにしてやることである。子どもはきれいなものを見ることによってそのよさが身に付いていくし，おいしさは美味しいものを食べて初めて味覚に残っていく。だから0歳から7歳の時期は，子どもに吸収されてよいものだけを身の回りに置くようにすることが大切である。

この「第一・七年期（0～7歳）」の幼児の時期には，周囲の大人は「模倣」されてよい存在でなければならない。それゆえ大人は子どもに吸収されてもよいものしか身の回りに置いてはいけないのである（子安，1992）。

② 7歳から14歳までの「第二・七年期」

次の7歳から14歳の「第二・七年期」の課題は，子どもの「感情体」を働くようにすることであり，そのためにさまざまな「芸術的刺激」を与えてやることが大切になる。芸術体験によって世界を美的に感じ取らせることが最大の教育的課題となる。やがて子どもは12・13歳頃で思春期に入り，異性というものに対する関心が芽生えてくるが，これが「感情体」の臨月の知らせとなる。

「第二・七年期（7～14歳）」の教育的課題は「模倣」から少し変わって，教師は子どもたちにとって「権威」でなければならない。ここでは，疑問の余地のない「愛される権威」が求められる。7歳から14歳前後の子どもにとって「権威」とはだれよりも学校の担任の先生である。シュタイナー学校で8年の

図6-2　ミュンヘンのシュタイナー学校の生徒たち
出所：筆者撮影。

図6-3　シュタイナー学校の先生
出所：筆者撮影。

一貫した担任制をとっている理由の一つはここにある。この時期のあいだに全面的に頼り切れる大きな権威というものを体験した子どもでなければ本当の「自由」を獲得することができないとシュタイナーは考えた。

　むしろ「第一・七年期」に「権威」の体験に浸りきらせておく必要がある。そうすると，8年間の担任の終わり頃に子どもたちが猛烈に反抗するようになる。8年間だれよりも偉いと思って頼り切ってきた先生に対して，「もうこの担任はいやだ」という反抗を経験させたうえで，次の「第三・七年期（14〜21歳）」に送り込むこの過程が子どもに必要なのである。しかし1年交替の学級担任では頼り切ることもできないし，反抗しつくすこともできないという問題をはらむことになる（子安，1992）。

③　14歳から21歳までの「第三・七年期」

　14歳から21歳の「第三・七年期」に入ったところで，初めて抽象概念，思考力によって世界についての包括的な認識をもてるようになる。この時期は，「自我」の独立と「人格」の完成が目標となる。こうして「感情体」が外へ出てくると，抽象的な思考力がどんどん働き，記憶力と体力が総動員されながら「自我」が最後に臨月を迎える。このとき，自らの判断で自分の行動を決断できる状態になり，自我の独立や人格の完成が成就されるようになる。それゆえそれまでは子どもに社会的責任の伴うような決断をさせてはならないとシュタイナーは確信している。思考力と記憶力，そして体力が備わり，そこで物事を

判断できるようになり，自分で自分の行動を決断できる状態になり，「自我」の独立ということが完成するのである。こうして四つの構成体のすべてが外にでる頃が，年齢でいうとおよそ21歳前後である。「第三・七年期（14〜21歳）」に入ったとき，大人は子どもに対してどういう存在でなければならないのだろうか。それはもっぱら人間として長所も短所もある人間として，子どもに接することができる存在でなければならない。ユーモアを理解できる明るい人間として，けれども個性をもち，ある一つの分野では絶対というものをもった教師・人間として子どもたちに接することが求められる（子安，1992）。

4　子どもの「発達段階」に即して親や教師が心がけるべきこと

（1）幼児期の段階——模倣期

　幼児は，自分を取り巻く外界のあらゆる事柄に関心をもつようになるが，とくに「人間」が幼児にとって重要な要素となる。とりわけ幼児は，自分の周囲にいる両親，兄弟，姉妹，祖父母に関心を示すようになる。幼児は周囲の人々からどのようなものをどのような仕方で自分のものとするのだろうか。衣服の着替え，はしの使い方から，感情（たとえば感謝，愛，信頼，善への好感と悪への反感という道徳的感情），言語等を獲得する。シュタイナーに従えば，幼児はこれらを「模倣」という形で，自分の成長のための養分として獲得するという。したがって幼児の周囲にいる人々が示す「模範」を，幼児は内的な衝動として模倣し，自分のものとして吸収しようと試みるのである。このときに重要なのは，周囲の人々がすぐれた模範を示すことであるが，親や教師は，自分の示した模範を幼児に「強制的に」模倣させてはならないということである。幼児が欲しないのに，無理やりに行わせる仕方では，意志の力の成長は妨げられるのである。幼児が喜んで模倣すればするほど，意志の力はよく育つのである（広瀬，1999）。

（2）児童期の段階——生きる力の胎動

　児童期は，乳歯が抜けて永久歯が生えてくる時期であり，6・7歳で現れ始める変化である。この時期の子どもの内面の世界も大きな変化がおこる。魂の

中身は思考（知），感情（情），意志（意）の三つで構成されているが，この三つが幼児期よりもはるかに活発に活動し始める。小学校入学の6・7歳から14・15歳ころまでの子どもは，尊敬と信頼をもって心底から従っていける人物を必要とし，この人物のもとで児童期の魂を成長させるのである。

　小学校から中学校の時代に，信頼と尊敬の念をもって従っていける教育者をもつことができなければ，道徳的な心の成長が妨げられる。小学生から中学生の時期に，際立って成長しようとするのは，他人を愛する心であり，善に対する快感および悪に対する不快感である。大人は子どもの内面のこうした道徳的な心の成長を心がけなければならない（広瀬，1999）。

（3）人生への助走期間としての思春期・青年期

①　他人と違う「私」という存在

　シュタイナーによれば，子どもは児童期の9歳頃を境に，それ以前と違った心的・精神的変化を見せ始めるという。「私」という存在を意識し，自分自身について考え始めるのである。9歳以前の子どもは花々に群がる蝶と自分を同じように話し，食事する存在とみなすが，これは自己と外界との未分離を示すものにほかならない。しかし9歳頃をすぎると事態は変化し始め，いわゆる自意識が出現するようになる。この頃には「チョウチョウさん，のどがかわいたの？」とは話しかけなくなる。また教師のひざのうえに乗ったり，教師に抱きついたりした子どもが，そうした行為はやめて教師と距離を置くようになる。小学校5・6年から中学1年生になるにつれて内面の力，つまり自我の力が成長し始め，13・14歳以降の思春期に入ると，「私」という言葉であらゆる思いを統括するようになる（広瀬，1999）。

②　理想の生き方の探求

　子どもは14・15歳頃以降の思春期になると，理想の生き方，つまり自分にとってもっともふさわしいと思われる将来の生き方を模索し始めるという。この時期に，生き方の探求が十二分になされていなければ，その後の充実した人生を享受することは困難になってくる。現代の日本の中学生や高校生は，生き方への探求の道が学校で十分に与えられてこなかったし，今も与えられている状況からほど遠い。現代の多くの大人たちが，精神的な生活を中心にすえる生き

方から遠ざけられている原因の一つは，中学・高校時代の生き方の探求の欠如にあるといえるだろう（広瀬，1999）。

③思春期の子どもと対峙する親や教師はどうすればいいのか？

　思春期や青年期の教育で重要な点は，一人ひとりの子どもの思いを明確にさせ，積極的に生き方について考えさせることである。中学生や高校生に，将来どのような生き方をしたいのか，いかなる仕事をし，いかなる職業に就いて生きていきたいのか，どのような大人になりたいのかという問いかけのできる親や教師でなければならない。

　思春期・青年期の「嵐」の状態にある子どもは，身近な人の生き方や情報を手がかりに，想像力と思考力を駆使して，将来の生き方を考えるものである。子どもはしばしば自分の将来に不安感をもち心配する。こうした状況で親や教師はどのように接すればいいのだろうか。具体的に教師や親は，この世を力強く人間らしく生きた実際の人物を取り上げ，その人物の生き方について子どもに語り聞かせることが重要である。取り上げるべき人物は歴史上の人物でもよいし存命中の人物でもよいが，思春期・青年期の若者の魂に食い込み，心を震わせるような人物が望ましい（広瀬，1999）。

（広岡義之）

5　モンテッソーリの教育に見る「被包感」

　本節では，子どもの内面の洞察を重視した20世紀初頭の「児童中心主義」を代表する世界的な幼児教育の実践家および思想家である，マリア・モンテッソーリ（M. Montessori, 1870-1952）の教育理念から，乳幼児期・児童期における「被包感」の意義及び，形成過程について，彼女が抱いた子どもの「吸収する精神」と「秩序」の経験に着目し，考えてみることとしたい。

（1）母と子の関係を支える「被包感」

　まず，「被包感」について，その雰囲気を自ら乳児が感得する関係に触れておきたい。母と子における関係は，自然に愛し合うことから育まれ，子どもは何よりもまず，温かく柔らかい心地の良い母乳を吸う，飲む，嚙む，味わう，

106

匂う，肌に触れることなどから始まる。そして，優しく気持ちの良い母の皮膚感触や全身に喜ばしく響く声，鼓動，息などにより，常に護られて包まれている雰囲気「被包感」を，子どもは無意識的に「からだ」と「こころ」を使って知る。これが，人間の最初の出会いであり，最初の学び・経験である。最初の安心の関係で，安心の原点といえよう。ここから，母と子の相互関係が情緒的に結ばれ，気持ちの良い雰囲気によって子どもの内面の安定が保たれる。

　このような信頼関係については，第1節のボルノーによれば，子どもは安らぎを感じつつ住めるような「庇護感」（被包感）による親（大人）に対する絶対的信頼に支えられて成長していくということ，また発達心理学者ボウルビィ（J. Bowlby, 1907-1990）の愛着理論においても「抱き」は必要不可欠な愛着行動であるということなど，同様にいわれていることである。特にボルノーは，真の教育・保育を支える雰囲気について，「教育的雰囲気」——教育者と児童とが「ひとつの共通な包括的な気分」のなかで相互に情感的にいわば響き合う関係が生まれることこそ，教育の成功する基本前提であり，教育者と児童との相互作用によって成立し，しかも両者の相互作用を包むひとつの全体である——という概念で示している。母親に対する児童の態度（愛と信頼，感謝と従順）の中に含まれている「より一般的な気分」，いいかえれば，特定の他人のみならず，「全体としての世界」との関わりにおいて持たれる気分（安定感と被包感）が，人間存在（人間であること）と人間形成（人間になること）を支えるいわば根源的な規定であると説いている。つまり，このような「教育的雰囲気」（「保育的雰囲気」）によって教育・保育が支えられるのである。子どもは安らぎを感じつつ住めるような安心感，ボルノーでいえば「庇護性」（被包感）による親（大人）に対する絶対的信頼に支えられて成長していくということから，この信頼する雰囲気「庇護性」（被包感）は，教育・保育において特別に重要である。

　＊ここで，乳児期という用語について確かにしておきたい。わが国における「児童福祉法」第4条では，「児童」は満18歳に満たない者とし，「乳児」は満1歳を満たない者，「幼児」は満1歳から小学校就学の始期に達するまでの者と定義している。また，「母子保健法」第6条では，「乳児」については，新生児，未熟児について定義している。しかし，あらゆる発達論では，「乳児期」という場合，出生から2歳

程度までを示すことが多い。行政においても，「乳児期」については0，1，2歳児を低年齢児として扱うことがある。また，「児童福祉施設の設備及び運営に関する基準」保育所の設備基準第32条では「乳児」または「満2歳に満たない幼児」つまり0，1歳児を2歳児以上と区別している。職員基準第33条では「乳児」と「満1歳以上満3歳に満たない乳児（1，2歳児）」については職員の配置を手厚くし，3歳以上の幼児の場合と区別を示している。そのため保育の実際において，「乳児保育」という場合は，3歳未満児（0，1，2歳児）保育を意味する場合が多い。本節ではモンテッソーリの年齢区分を参照していくこととする。

　一方で，子どもの育ち，なかでも乳児が自ら育つということについては，運動機能や認識機能というような身体的発達や生理的発達に関する事項を中心にした認識が重視されている。特に，子どもの内面の育ちについては，大人（親や保育者・教師）側からの応答として，援助や配慮内容とその方法が位置づけられている。

　ところで，このように実際の教育では，大人の側面で乳児の育ちを支える行為が重要視され，大人側の視点の偏った一方的な関わりになってはいないだろうか。本来であれば，乳児側の感覚・視点で内面の育ちを理解するという，人間学的で教育学的な理解に基づき関わることが必要ではないだろうか。人間の生涯の原点である乳幼児の感覚から見た人間の教育とはどのようなことなのか。

　教育の営みは，人が本当の「自分」になる，つまり真の人間になるために，「内面の安定」が本質的条件である。先に述べたように，乳幼児期から子どもは，内面の安定を支える安心の雰囲気「被包感」を全身全感覚，つまり「からだ」と「こころ」で感じとる。この「からだ」と「こころ」を使って知ることを「吸収する精神（心）」とし，自ら感じ得たことを「秩序（感）」として子どもを洞察したモンテッソーリの人間の教育の目線について，子どもの具体的な形容等から学んでほしい。

（2）モンテッソーリの教育に着目する意義

① 神秘的秩序──「からだ」と「こころ」の応答・吸収

　モンテッソーリといえば，1907年にイタリアに創設された「子どもの家」および「モンテッソーリの教具（感覚教育）」による教育実践が印象的であろう。いずれの方法技術にも環境構成と感覚教育の二つの方法原理が含まれており，

「子どもの家」や「感覚教育」は，教育法を単に生み出したのではなく，「触れる」ことなど感覚機能による内的応答と，「環境」を吸収することによって表すことを教育とした，子ども側からの見方を重視した上で見出されている。決して外側から教え込む，与えるという見方を示してはいない。特に，「子どもの家」の環境では人間の精神的環境を中心とし，落ち着く雰囲気に心の静けさ・安心を感じる「被包感」を重視しているといえよう。

図6-4　モンテッソーリ

　モンテッソーリが一貫して保持した教育の理念は，子ども自身の「からだ」と「こころ」の内側からの発動による，天然・自然の人間本性の発展・展開を信ずることである。モンテッソーリは「からだ」と「こころ」を概念的に二分化（別物に）して考えず，子どもの「からだ」と「こころ」が直接的に結びつき，子どもの内部で生起する生き生きとした「秩序（感）」が育つことを発見し，それを神秘的秩序と見る。

　つまり，モンテッソーリによれば，教育とは，応答と吸収でなされることであり，「からだ」と「こころ」（直接的応答・吸収）による内発的自然の自己形成力「秩序」を助長することである（広岡，2011：103）。教育の任務は，子どもの神秘的秩序を助長・助成することに尽きるといえよう。

②　無意識的精神──「吸収する精神」

　特に，モンテッソーリは，「教育は誕生の時から始めなければならない」（モンテッソーリ，1970：102），「子どもは人間的特質を養い発展させるのですが，最初は無意識の吸収によって，次に他の事物との行動によってそれをなすのです。子どもは自己を形成し，自己の精神を養う間に，その性格的特徴を形成するのです」（同：103）と，誕生期から子どもの内面を捉える意義を「子どもは人間的特質を養い発展させる」ことと示し，子どもの人間的特質（成長の期間）を3区分にした。

・第一期（誕生から6歳まで）：無意識的精神「吸収する精神（心）」で心的生活
　時期「敏感期」「創造的時期」。0歳から3歳まで「感覚的時期（内的感受性）」，
　3歳から6歳まで「敏感期」「創造的時期」。

・第二期（6歳から12歳まで）：精神上，健やかに強く安定が確保される時期。

・第三期（12歳から18歳まで）：肉体上の変化の時期。

　モンテッソーリは，誕生から3歳までの第一期を子どもが環境を吸収する「感覚的時期（内的感受性）」（感覚受容の時期：特別に敏感な感受性を持つ時期）と位置づけ，この時期は，「子どもには，私たちおとなとはまったく異なった力や精神が働いており，また無意識のなかには，意識された精神のなかとは別の精神作用が作用していることが明らかです」（西本，1975：26）と特性を高く評価し，子どもの無意識の中にある「吸収する精神」を強調したのである。

　つまり，モンテッソーリによれば，最初の教育とは，「からだ」と「こころ」で自然（無意識）に自己が形成されていくこと支えることである。「神秘的秩序」，これが子どもの特別な性質を洞察したモンテッソーリの教育の原点である。誕生から3歳までの「内的感受性」に着目する意味がここにある。

（3）「被包感」の形成──モンテッソーリの「吸収する精神」と「秩序（感）」

　モンテッソーリは，子どもが「からだ」と「こころ」に持つ無意識的な精神形態のことを，「吸収する精神（心)」（モンテッソーリ，1974：31-37＊）と呼ぶ。また，子ども自ら生起してくるような内的な欲求の現れを「秩序（感）」（モンテッソーリ，1968：64-72＊＊）と呼ぶ。彼女の場合，秩序とは，子どもに対して外からのおしつけるような社会的秩序のことを示しているのではなく，真に子どもから自然に現れた応答としての「秩序」である。「吸収する精神」と「秩序」との相互の作用によって，子ども自身が自然に内的な安心「被包感」を抱くということであろう。

　　　＊モンテッソーリは，吸収力旺盛な時期に，子どもの中にある偉大な力のことを「吸収精神のすばらしい力」と称して，0歳から3歳までと，3歳から6歳までの二つに分けて，内面の成長について述べている。モンテッソーリの教育思想では，「吸収精神」あるいは「吸収する精神」という用語で表現している。本稿では，「吸収する精神」と使用する。
　　　＊＊モンテッソーリは，「秩序感」について，子どもの一番大切な神秘的な敏感な時期の感受性のあらわれであり，0歳児から2歳児の間中続くと主張している。

① 子どもへの信頼・尊敬──無意識的創造

モンテッソーリによれば，「吸収する精神」とは，意志の努力の助けで形成されるのではなく，むしろ感覚的時期の「内的感受性」であり無意識なものである。この時期に子どもは自動的に記録する感光版にある程度似ているような「驚くべき感度」を持ち吸収する。この子どもの「吸収する精神」は，撮影された対象を全て再現するというような方法で働く（モンテッソーリ，1974：36）。そして，子どもの「からだ」と「こころ」で吸収したことは無意識の中に隠され，不思議な感受性によって，何も外部に現れないまま定着する。モンテッソーリは，感覚的時期の「吸収する精神」を，「なんという人類に与えられた驚くべき 賜（たまもの）」（モンテッソーリ，1970：93）と賛美し，この時期の子どもを尊敬・信頼しているのである。

このように，モンテッソーリは，このすばらしい精神形態こそが，無意識の中に隠された創造的な現象であって，人間にとって重要な意味を持っていると捉える。特に，この「内的感受性」では，不思議な神秘的な働きによって適応しつつ，内的な応答として「秩序」が現れてくるからである。つまり，モンテッソーリは，この無意識の創造によって子どもの「秩序」が生成されていることを見出した。この自らの「秩序」が心の静けさ・安定そのものなのであろう。

② 自らの秩序，魂の神秘──生起する瞬間

ここで，自らの「秩序」について，モンテッソーリの洞察した視点で具体的に考えてみたい。

例えば，次のようなことから言える。「母と子の授乳時では，典型的には母親の肌触りが心地よく包まれているが，同じような柔らかいクッションに包まれて喜ばしい秩序に浸る場合がある」「一方で，お気に入りのクッションとは別のクッションに入れ換えられるなどということがあった場合，つまり喜ばしい秩序が生まれる感覚とは異なった場合，触れる，匂う，なめる等によって，不快，心地悪さなどの生起により秩序が乱れ不機嫌になることもある」。これは，主に「触る」という感覚器官から得る子どもが初めて抱く安心，好む，心地よいというような快の気分や，心地悪いという不快の気分の現れ「秩序」である。さらに，感覚的時期（内的感受性）以降の子どもや大人の場合においても，「子ども（人間）が気に入った枕を抱いて安心して寝る」「離すことのでき

ない常に持ち歩くタオル地等がある」「雑貨店などで，無意識的にタオルや布地の触り心地を比べる」「耳たぶを揉むことを好む」「指を吸う」というような行為等は，「内的感受性」のような全身で「からだ」と「こころ」で無意識的に吸収したこと（「秩序」）に対する欲求として現れた快の気分（「秩序」）によるもので，これらの「秩序」には内的・心的に包み込まれた静けさ・安定の雰囲気である「被包感」，つまり「内面の安定」の感覚が，紡ぎ出されている。なお，「触る」という感覚器官に限らず「匂う（嗅ぐ）」など別の器官で感じとる場合も同様で，その時，心的生活は静かに安定するのであろう。

　この「内的感受性」に「すべてが生命にあふれ，魂の神秘がすべて隠されている」（モンテッソーリ，1968）。だから，彼女は，この感覚的時期の「内的感受性」に「内包された生命力を」「生起する瞬間を」直接的に重視し洞察したのである。モンテッソーリが子ども（ここでは誕生から3歳まで）の心の中での生活を重視し，子どもの内面への徹底的凝視とそれに基づいた綿密な洞察をしたことで，神秘的魂を生起させ支えている雰囲気は静かで安定した「被包感」に包まれていたことを見出したのであろう。こうした彼女の深い愛の眼差しを含めた教育思想が子どもの神秘的魂を生かす手法（メソッド）として展開し定着していった。

　だからモンテッソーリは，誕生から6歳までの吸収する精神のタイプを0歳から3歳，3歳から6歳の二期に分け，3歳までの感覚的時期の「内的感受性」を「無意識的な吸収」と「秩序欲求」の応答の時期として特別に重視した。「内的感受性」の特徴は，子ども自身のなかから生まれてくるような自然な「秩序欲求」による内的・心的生活であり，つまり吸収と欲求の相互作用がある。内面が安定するような包み込まれる静けさ・安心の雰囲気から得る秩序「被包感」は，誕生から「内的感受性」の時期で子どもの根となり，成長を支えていくのだろう。人間が初めて，「被包感」を感じ得る「内的感受性」は，意識的な言語化された応答ではなく，無意識的に全身の感覚で吸収していく「吸収する精神」により感受した性質であり，つまり自ら「秩序」が育つ特質であると言える。

（3）モンテッソーリの教育思想──安静[*]の形成過程と意義

　以上，モンテッソーリの教育から「内的感受性」における人間が最初に経験する包括的な雰囲気から得る秩序，「被包感」について考えてみた。モンテッソーリによれば，感覚的時期の「内的感受性」において，子どもの内側から湧き出てくるような成長を志向する子どもの精神への信頼がある。このような子どもの精神の中に備わっている「秩序の感覚」つまり「秩序本能」あるいは「秩序欲求」を尊重していくことによって，真の自らの「秩序」の経験となる。特に，感覚的時期の「内的感受性」では，無意識に全身の感覚器官「からだ」と「こころ」で吸収したことを，内側からの応答「秩序欲求」による相互の作用によって，内面の安定を支える秩序，つまり心の静けさと安心というような「被包感」が自然に創造される。モンテッソーリが言う「吸収する精神」と「秩序」つまり「秩序欲求」による内的（心的）生活を重視する教育が，人間の教育を支える最初の安静（心の静けさ・安定），「被包感」を創造し，それにより，自らの「秩序」が助長されていくのである。こうした「秩序」の助長と「被包感」の創造の形成過程を根本に，今日の教育の雰囲気を大事にしたい。

　　＊モンテッソーリによれば，「胎児は，胎内ではどんな激動もどんな気温の変動からも守られ，彼に完全な安静を与えるように特別につくられている柔らかい一様な液体に取り巻かれておおきくなった」（モンテッソーリ，1968：30）ことを洞察しており，嬰児は，こうした完全な安静を与えるように特別につくられている柔らかさを知っていると捉えている。

（本節は，熊田凡子「マリア・モンテッソーリの教育思想に見る「被包感」に関する考察──「吸収する精神」と「秩序」の経験を中心に」『人間環境学会紀要』第40号，関東学院大学，2023年の内容の一部を引用している。）

6　子どもの成長を支えるもの

　本章では，子どもが発達，成長することについて，ボルノーの被包感（雰囲気）・絶対的信頼，シュタイナーの発達論と課題の視点，モンテッソーリの心的生活に触れてきた。

教育者は子どもに対して「教育愛」をもつことが大切であると，ボルノー自身が強調する。同様にシュタイナーは「子どもに畏敬の念を持つ」ことを重要としている。また，モンテッソーリは，子どもの内側から生起する神秘的秩序を強調する。いずれも極めて類似する共通項を有するものであると考えられる。

　ボルノーによれば教育者の子どもに対する信頼こそが，教育が成功するために必要な基本的態度であると言う。教育者はたとえ子どもが人間的な弱さを有した存在であることを知ったとしても，なお信頼の力をふるい起こさなければならないのである。それとの関連で，ボルノーは「教育愛」とは，哀れな悩める弱い人間に，キリスト教的な上からの救いの手を差し伸べる憐憫の愛とは全く別物である。教育愛は憐憫の愛とは異なり，それよりも遥かに根源的で自明な子どもとの関係なのである。子どもに同情し共に悩むという関係の気重さから全く解放された，輝きに満ちた晴れやかな喜ばしい愛なのである。これはシュタイナーのいう「畏敬の念」に近い，またモンテッソーリの「神秘」と見る，情感のようなものであろう。

　またシュタイナーによれば，「畏敬の念」について，親や教師が子どもから尊敬され，子どもと厚い信頼関係を築くために最も重要な心的態度は，親や教師が子どもに対して深い「畏敬の念」を持つことであり，こうしたあり方は，親や教師の「心」の中の課題としている。一般に，子どもは親や教師の「心」の中を理解できないと思われるが，こうした考え方こそ，大人側から見た一方的で極めて皮相的な見方ではなかろうか。

　さらに，モンテッソーリが特別に着目した乳幼児期の「秩序」は，大人が意識する社会的秩序とは異なり，子ども自ら生起してくる自然な「内的欲求」で「神秘的」な秩序である。子どもの「からだ」と「こころ」の直接的応答こそが人間としての子どもの内部で生起する生き生きとした「秩序」である。これを「驚くべき賜」とし，尊敬・信頼する。このような「こころ」と「からだ」が一体的に動き出すようなプロセス全体をマリア・モンテッソーリは，敢えてカトリック信仰の重い意味で用いられる「受肉化（incarnation）*」という言葉で表現し，子どもの自らの性質「自発性」と捉えている。乳幼児に限らず，児童を含む子どもに関わる大人，教育・保育者には，子どもの内側が波動している秩序のプロセスを感じ取る感性が，働いているであろうか。

＊モンテッソーリ（1968：40）では，新生児のからだの中で精神が肉体になることを言い表し，「肉体化したものは聖霊から出て人になった者である」という言葉で，キリスト教の最も崇高な神秘の一つとして，神々しい精神の肉体化（インカネーション incarnation）として生きていることを述べている。また，広岡（2011：107-108）では，モンテッソーリの秩序感覚について，カトリック世界における「受肉化，incarnation」という表現で示している。本章では，モンテッソーリの秩序感覚を「受肉化（incarnation）」と表記する。

　子どもは大人以上に心の中をかぎ取る鋭敏な感覚を持っており，大人が自分に畏敬の念を抱いているかどうかを鋭く察知するという。「子どもに畏敬の念を持つ」「驚くべき賜」という考え方は，西欧では，先の章で触れているペスタロッチやフレーベルらによって主張されてきたことでもある。このような考え方が教育に関わる親や教師たちの最も重要な教育観となることを期待したい。

参考・引用文献

ボルノー（1980）森昭・岡田渥美訳『教育を支えるもの』黎明書房。
広岡義之編（2011）『新しい教育原理』ミネルヴァ書房。
広岡義之（2012）『ボルノー教育学入門——教育実践に役立つボルノー先生の教え』風間書房。
広瀬俊雄（1999）『生きる力を育てる』共同通信社。
広瀬俊雄（2009）『子どもに信頼されていますか？』共同通信社。
広瀬俊雄・遠藤孝夫・池内耕作・広瀬綾子編（2020）『シュタイナー教育100年——80カ国の人々を魅了する教育の宝庫』昭和堂。
子安美知子（1992）『シュタイナー教育を考える』朝日文庫。
熊田凡子（2023）「マリア・モンテッソーリの教育思想に見る『被包感』に関する考察——『吸収する精神』と『秩序』の経験を中心に」『人間環境学会紀要』第40号，関東学院大学。
モンテッソーリ（1968）鼓常良訳『幼児の秘密』国土社。
モンテッソーリ（1970）坂本堯訳『人間の形成について』エンデルレ書店。
モンテッソーリ（1971）鼓常良訳『子どもの心』国土社。
モンテッソーリ（1971）鼓常良訳『子どもの発見』国土社。
モンテッソーリ（1974）吉本二郎・林信二郎訳『モンテッソーリの教育——0歳〜6歳まで』あすなろ書房。
西本順次郎編（1975）『モンテッソーリ幼児教育入門』福村出版。

（熊田凡子）

第7章

教育の制度

　この章では日本の教育を形作っている教育制度と法規，教育行政について学び，その意義や抱えている課題について考えることを目指している。日本の教育制度は戦後の教育改革によって基本的な骨格がつくられた。まず教育に関する法律の成立とその理念について学び，子どもの教育の権利を保障するための教育制度の土台について知ろう。次に教育行政機構の役割と仕組みについて学び，学校教育が制度としてどのように実施されているのかを知ろう。最後に，時代とともに変化する学校教育と制度の在り方について，教育課程や教育内容の変遷を学ぼう。

1　教育に関する法律の成立とその理念

　日本の教育制度は様々な教育に関する法律によって枠づけられている。本節では，日本の諸法律の最高法規である日本国憲法と，教育の憲法とされる教育基本法について，その成立と理念について学ぶことで理解を深めよう。

（1）日本国憲法における教育理念
　1945年にポツダム宣言を受け入れた日本は，アメリカの連合国軍総司令部（GHQ）のマッカーサーの指示のもと，占領政策が始められた。GHQ は日本が戦前の軍国主義と天皇を中心とする国家主義体制から脱却し，民主主義国家の基盤を作るため新しい憲法の作成を日本政府に命じ，1946年11月にはマッカーサーの草案をもとに作られた日本国憲法が吉田内閣で成立・公布された。翌1947年3月に施行された日本国憲法は，日本の諸法律の最高法規として，国民主権，基本的人権の尊重，平和主義を3原則に，三権分立（立法権（国会），司

第26条
1　すべて国民は，法律の定めるところにより，その能力に応じて，ひとしく教育を受ける権利
　を有する。
2　すべて国民は，法律の定めるところにより，その保護する子女に普通教育を受けさせる義務
　を負ふ。義務教育は，これを無償とする。

図7-1　日本国憲法（一部，抜粋）

法権（裁判所），行政権（内閣）），福祉国家，地方自治，国際協調などの政治・経済・社会の諸原理を示した。

　日本国憲法における教育に関する理念は，第11条，第13条における「基本的人権の尊重」に示される。これは戦前には法律の範囲内の臣民の権利に制限された権利は「すべての人が生まれながらに持つ基本的な権利であり，侵すことのできない永久の権利」であることを示したもので，この基本的人権のひとつに，憲法第26条の「国民の教育を受ける権利」がある。憲法第26条は第1項において「能力に応じ」て，すべての国民が平等に教育を受ける権利があることを明言した。そして，第2項において保護者には子どもを就学させる義務があり，その義務教育は国家が無償で保障することを示し，我が国の義務教育の原則を示している（図7-1）。また第23条「学問の自由」は大学等における学問研究の自由，そして国民の教育活動における「教授の自由」（教えることの自由）を保障するものである。この「学問の自由」は，第19条の思想・良心の自由，第21条の言論・表現の自由とも相まって，教師の教育の自由を支える権利の一つとして，教育基本法第2条（教育の目標）等にその尊重が謳われている。

（2）教育基本法の成立と理念

　GHQの占領政策下では，戦前の軍国主義や超国家主義を排するため，GHQの設置した民間情報教育局（CIE）は，戦前の国定教科書の軍国主義に該当する部分の黒塗りや，教員の思想検査と軍国主義教員の排除，神道を学校で教えることの禁止，修身・歴史・地理教育の停止を命じた。1946年3月にはアメリカ教育使節団が来日し，日本の教育専門家29名（教育家委員会，のちに教育刷新委員会として再編される）とともに，戦後の日本の教育の基本的な方針を示す報告書を作成し，マッカーサー宛に提出した。この報告書は日本の「教育の民主

第1章　教育の目的及び理念
（教育の目的）
第1条　教育は，人格の完成を目指し，平和で民主的な国家及び社会の形成者として必要な資質を備えた心身ともに健康な国民の育成を期して行われなければならない。
（教育の目標）
第2条　教育は，その目的を実現するため，学問の自由を尊重しつつ，次に掲げる目標を達成するよう行われるものとする。
　　一　幅広い知識と教養を身に付け，真理を求める態度を養い，豊かな情操と道徳心を培うとともに，健やかな身体を養うこと。
　　二　個人の価値を尊重して，その能力を伸ばし，創造性を培い，自主及び自律の精神を養うとともに，職業及び生活との関連を重視し，勤労を重んずる態度を養うこと。
　　三　正義と責任，男女の平等，自他の敬愛と協力を重んずるとともに，公共の精神に基づき，主体的に社会の形成に参画し，その発展に寄与する態度を養うこと。
　　四　生命を尊び，自然を大切にし，環境の保全に寄与する態度を養うこと。
　　五　伝統と文化を尊重し，それらをはぐくんできた我が国と郷土を愛するとともに，他国を尊重し，国際社会の平和と発展に寄与する態度を養うこと。
（生涯学習の理念）
第3条　国民一人一人が，自己の人格を磨き，豊かな人生を送ることができるよう，その生涯にわたって，あらゆる機会に，あらゆる場所において学習することができ，その成果を適切に生かすことのできる社会の実現が図られなければならない。
（教育の機会均等）
第4条　すべて国民は，ひとしく，その能力に応じた教育を受ける機会を与えられなければならず，人種，信条，性別，社会的身分，経済的地位又は門地によって，教育上差別されない。
２　国及び地方公共団体は，障害のある者が，その障害の状態に応じ，十分な教育を受けられるよう，教育上必要な支援を講じなければならない。
３　国及び地方公共団体は，能力があるにもかかわらず，経済的理由によって修学が困難な者に対して，奨学の措置を講じなければならない。
第2章　教育の実施に関する基本
（義務教育）
第5条　国民は，その保護する子に，別に法律で定めるところにより，普通教育を受けさせる義務を負う。
２　義務教育として行われる普通教育は，各個人の有する能力を伸ばしつつ社会において自立的に生きる基礎を培い，また，国家及び社会の形成者として必要とされる基本的な資質を養うことを目的として行われるものとする。
３　国及び地方公共団体は，義務教育の機会を保障し，その水準を確保するため，適切な役割分担及び相互の協力の下，その実施に責任を負う。
４　国又は地方公共団体の設置する学校における義務教育については，授業料を徴収しない。

図7-2　教育基本法（一部，抜粋）

化」と「地方分権」を提言し，学校教育において，日本国憲法に示された教育の機会均等・自由主義・男女平等などを実現する様々な事項（教育の目的，学科課程，教科書，学校行政，教師等）を示した。教育刷新委員会は，この報告書をもとに新しい教育法案を作成し，1947年3月に国会で「教育基本法」が成立した。教育基本法は戦前の教育勅語に代わる，わが国の「教育に関する諸法律の根本法」として位置づけられ，同年に発表された学校教育法（1947年），1949年

の社会教育法，1948年の教育委員会法とともに戦後の教育の基本規定を定めた。[*]

　　＊就学義務の範囲や無償の内容については，憲法第26条の「法律の定めるところ」
　　　である現行の教育基本法第 5 条，学校教育法第 16 条等に示されている。

　制定当初の教育基本法は，教育の目的，教育の機会均等，男女共学，義務教
育，学校教育，社会教育，政治教育，宗教教育，教育行政，等の全11条で構成
された。その前文には日本国憲法の精神を引き継ぎ，教育によって民主主義国
家の建設，世界平和と人類の福祉への貢献，個人の尊厳を重んじる人間を育成
することの重要性を説いた。第 1 条の「教育の目的」は，戦前の天皇を頂点と
する臣民教育から，個人の成長発達を第一とする「人格の完成」に転換したこ
とを示した。また日本国憲法第26条の「教育を受ける権利」を保障するため，
国民は能力に応じた「教育の機会均等」を掲げ，「人種，信条，性別，社会的
身分，経済的地位又は門地によって，教育上差別はされない」ことを示した。
　現行の教育基本法は，約60年を経た2006年に改正されたものである。改正に
あたっては，これらの戦後の教育理念を継承しながら，2003年中央教育審議会
の答申「新しい時代にふさわしい教育基本法と 教育振興基本計画の在り方に
ついて[**]」を受けて，現代の科学技術の進歩，情報化，国際化，少子高齢化など
急激に変化する社会のなかで，新しい時代を切り拓き心豊かな日本人を育成す
ることが指向された。現行法は全 4 章，第18条の条文で構成され，生涯学習の
理念（第3条），大学（第7条），私立学校（第8条），教員（第9条），家庭教育
（第10条），幼児期の教育（第11条），学校・家庭・地域住民の連携（第13条），教
育振興基本計画（第17条）（第4節（3）を参照）が新しく追加された。また旧法
第 5 条の男女共学が削除され，第 2 条の「教育の指針」は「教育の目標」へと
大幅に見直された。
　新しく追加された事項については，旧法に対して国が積極的に教育に言及・
関与する部分も見られる。たとえば，現行法における 5 つの「教育の目標」は，
グローバル化社会における日本人としてのアイデンティティの重要性を唱える
など国がさまざまな個人の態度や能力の育成について言及している。また教育
行政については国・地方公共団体による連携体制を明確化し，現代の教育課題

に対応した教育振興基本計画の策定・実施を示すなど，旧法に比べて国が教育現場に積極的に関与しようとする姿勢が表れている。

＊＊文部科学省ホームページ http://www.mext.go.jp/b_menu/shingi/chukyo/chukyo0/toushin/030301.htm　（2023年8月23日閲覧）

2　学校教育を運営するための行政機構

現代の日本の教育行政機構は，戦後の民主的な理念を土台に作られている。戦前の大日本帝国憲法と教育勅語に基づく教育体制は，中央集権的，軍国主義的な教育行政を生み，学校教育のなかで子どもたちに特定の価値観（臣民教育）を植え付け，日本が第二次世界大戦へと突き進んだ原因を生んだと考えられた。そこで戦後の教育行政は，個人の教育の権利を守るため，特定の政治や権力の圧力や介入を受けないよう民主的な行政機構が構築された。そのひとつが教育の地方分権である。1948年に地方教育行政機関として各地に設置された教育委員会は，地域の教師や子ども，保護者に寄り添った教育自治の実現を目指した。現行の教育基本法第16条の「教育は不当な支配に服することなく」とは，このような意味が込められている。現行法はこの理念に則り，中央教育行政機関である文部科学省と地方の教育委員会が「適切な役割分担及び相互の協力の下，公正かつ適正に行われなければならない」と明記している。本節では教育行政機構のそれぞれの役割と協力の在り方を学び，今日の教育行政について学ぼう。

（教育行政）
第16条　教育は，不当な支配に服することなく，この法律及び他の法律の定めるところにより行われるべきものであり，教育行政は，国と地方公共団体との適切な役割分担及び相互の協力の下，公正かつ適正に行われなければならない。
2　国は，全国的な教育の機会均等と教育水準の維持向上を図るため，教育に関する施策を総合的に策定し，実施しなければならない。
3　地方公共団体は，その地域における教育の振興を図るため，その実情に応じた教育に関する施策を策定し，実施しなければならない。
4　国及び地方公共団体は，教育が円滑かつ継続的に実施されるよう，必要な財政上の措置を講じなければならない。

図7-3　教育基本法（一部，抜粋）

（1）文部科学省

　国の教育行政を担う文部科学省は，文部科学大臣を長とする中央教育行政機関である。2001年に中央省庁再編に伴う文部科学省設置法の施行により，旧文部省と科学技術庁（当時の総理府の外局）を統合して文部科学省となった（図7-4）。その任務の範囲は，生涯学習の機会の整備や，学校に関する教育行政，社会教育を中心に，科学技術，学術，スポーツ，文化等に及ぶ。学校に関する教育行政については，教育基本法第16条第2項に規定されるように，文部科学

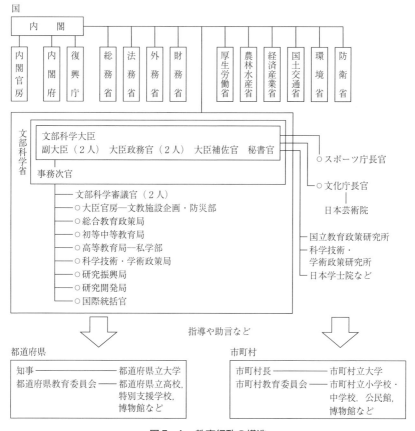

図7-4　教育行政の構造

出典：文部科学省ホームページ https://www.mext.go.jp/kids/intro/about/mext_0008.html（2023年8月20日閲覧）

省は「全国的な教育の機会均等と教育水準の維持向上を図る」ために教育施策を行い、「教育が円滑かつ継続的に実施されるよう、必要な財政上の措置」を行う役割がある。具体的には①学校の設置基準（学校の設置・廃止等の認可等）、②教育の内容や課程に関する基準（教育振興基本計画、幼稚園教育要領、学習指導要領の作成・改訂、教科書の検定等）、③教員に関する基準（教職員制度）の設定、④国庫補助金による地方への財政支援（義務教育費国庫負担法（第3節第4項）、私立学校振興助成法等）を行う。また文部科学省は、国会での法律や予算の議論に関わる教育施策について政府全体に関わる見地から「企画」「立案」して、それらを全国的に「推進」「振興」すること、地方公共団体に「指導」や「助言」「勧告」「補助」「援助」する任務がある（表7-1）。

　教育政策の企画・立案の過程では、中央省庁による偏った教育政策の決定や執行がされないよう審議会を設置し、中立的な立場から民間の有識者の意見を取り入れる体制がとられている。1952年に設置された中央教育審議会は、これまで学習指導要領の改訂（第4節第1項参照）をはじめとして、戦後の重要な教育に関する基本方針や教育財政の大綱について審議・答申を行ってきた。2023年現在の中央教育審議会は、教育課題や教育分野に応じた分科会で構成され（教育制度分科会や生涯学習分科会、初等中等教育分科会、大学分科会）、必要に応じて多くの部会やワーキング・グループなどが設置され、様々な審議・答申を行っている。これら答申の内容をもとに内閣や国会は教育政策を承認・施行し、文部科学省は政策の「推進」「振興」と、これに基づく「指導」「助言」などを地方公共団体に行う。その際には、戦前のように文部科学省が全国的な教育現場に対して監督・命令的な性質を帯びないように配慮されている。

　なお、近年は中央省庁のスリム化・再編により、内閣府が直属で設置した審議会や会議を中心に重要教育政策の提言を示し、文部科学省がこれに沿う形で具体的な教育改革案を作成・実施している。2006年に安倍内閣が設置した教育再生実行会議や、2021年に岸田内閣の設置した教育未来創造会議では、現代的な教育課題を審議し、文部科学省を通じてその内容が教育現場に影響を与えた。今後も内閣を中心とするトップダウン型の教育行政が指向されると考えられる。

表7-1　国・都道府県・市町村の役割分担

国	学校制度等に関する基本的な制度の枠組みの制定	・「学校教育法」等による学校教育制度の制定
		・「地方教育行政の組織及び運営に関する法律」による地方教育行政制度の制定
		・「生涯学習振興法」による生涯学習推進体制の整備
	全国的な基準の設定	・小中学校等の学校の設置基準（編制，施設設備等）の設定
		・学習指導要領等の教育課程の基準の設定 ・教科書検定の実施
		・教員免許の基準の設定（免許状の種類，授与権者，効力等）の設定
		・学級編制と教職員定数の標準の設定
		・公民館等の設置・運営の基準の設定
	地方公共団体における教育条件整備に対する支援	・市町村立小・中学校等の教職員の給与費と校舎の建設等に要する経費の国庫負担
		・教科書の無償給与
	教育事業の適正な実施のための支援措置	・教育内容や学校運営に関する指導，助言，援助 ・教職員の研修の実施・支援
	大学の設置認可，財政支援等	・設置基準等の設定・認可等
都道府県	広域的な処理を必要とする教育事業の実施及び学校等の設置管理	・市町村立小・中学校等の教職員の任命 ・都道府県立高等学校等の設置管理 ・都道府県立図書館・博物館等の設置管理
	市町村における教育条件整備に対する支援	・市町村立小・中学校等の教職員の給与費の負担
	市町村における教育事業の適正な実施のための支援措置	・教育内容や学校運営に関する指導，助言，援助
市町村	学校等の設置管理	・市町村立の小・中学校や図書館，博物館，公民館，体育館等の設置管理
	教育事業の実施	・教育，文化・スポーツ等に関する各種事業の実施

出所：文部科学省「【参考】教育基本法第16条（教育行政）を受けた国・都道府県・市町村の具体的な役割分担」『教育政策におけるPDCAサイクルの確立について』平成28年11月10日第10回 経済・財政一体改革推進委員会教育，産業・雇用等ワーキング・グループ https://www5.cao.go.jp/keizaishimon/kaigi/special/reform/wg4/281110/shiryou1.pdf（2023年8月24日閲覧）

（2）教育委員会制度

　教育委員会は合議制の執行機関として，地方公共団体である都道府県，政令指令都市，市町村，特別区などに設置される（2008年施行「地方自治法や地方教育行政の組織及び運営に関する法律」）。教育委員会は，教育基本法第16条に則り，地方における「教育水準の維持向上」，「地域の実情に応じた教育の振興」を，

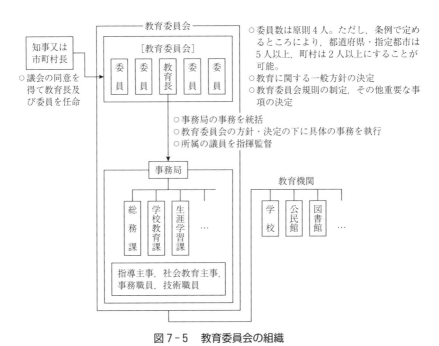

図7-5 教育委員会の組織

出所：文部科学省ホームページ https://www.mext.go.jp/a_menu/chihou/05071301.htm（2023年8月24日閲覧）

国と協力しながら進めることを任務として，地域の学校教育，社会教育，文化，スポーツ等に関する事務や，重要な教育事項や基本方針を決定する。学校教育については①公立学校などの教育機関の設置，②教育委員会内部，学校その他の職員の任免と人事，③児童・生徒・幼児の入学，転学及び退学に関すること，④学校の組織編成や学級編成，教育課程，学習指導，生徒指導及び職業指導に関すること（「教育振興基本計画」の作成等），⑤教職員の研修に関すること，⑥教科書やそのほかの教材の取り扱い，⑦校舎や施設設備・教具の整備，⑧教職員や児童・生徒・幼児の保健衛生，安全環境の整備等，多岐にわたる職務を有している。

　教育委員会は戦後の教育行政の民主化の動向の旗手として，①市民統治，②地方分権，③教育行政の一般行政からの独立を柱とした地方自治による教育統治を目指したものである。教育委員会は首長らの一般行政と政治的な中立を保

つため，教育の素人（レイマン・コントロール）である教育委員と，教育の専門
職である教育長から組織され，地方公共団体の首長が議会の同意を得て任命さ
れる。通常，教育委員は4名で任期は4年，教育長は1名で3年となっている。[*]
また教育委員会の業務を遂行するために，事務局が置かれる。事務局には，指
導主事や社会教育主事，そのほかの職員が置かれる（図7-5）。

　2015年からは教育委員会制度が大幅に改定され，より公正で健全な運営を図
るため，これまで首長の統治する一般行政から独立していた教育委員会の在り
方が見直されている。教育委員会の運営に対するチェック機能の強化や会議の
透明化に向けて，首長が議会の同意を得て教育長を任命することで責任の所在
を明確化した。また，首長の招集する総合教育会議を設置し，首長と教育委員
会がともに地域の実情に応じた教育振興基本計画の策定を行うことになった。
今日の教育委員会は，より広い視野からの総合的な教育行政を目指している。

　　＊創設当初の教育委員会は，教育委員の選出方法をアメリカの制度に倣い，住民の
　　直接選挙によって選ぶ公選制であった。しかし1956年には廃止され，現在のように
　　地方公共団体の首長による任命制に変更した。

3　学校教育に関する制度

　教育基本法第4条（教育の機会均等），第5条（義務教育）は国民の学習の場や
機会が，ひとしく能力に応じて保障され，貧困や障害などで差別や排除を受け
ない社会を目指している。本節ではその実現に向けた学校教育制度の基本につ
いて学ぼう。

（1）戦後から現代の学校体系

　1947年3月に公布・施行された学校教育法は，日本国憲法と教育基本法を踏
まえ，学校の種類やその目的・目標・修業年限及び組織編制など，学校教育の
制度・内容の基本を定めたものである。学校教育法は，教育基本法の教育の機
会均等の原則に則り，戦後は誰もが中等教育や高等教育を目指すことのできる，

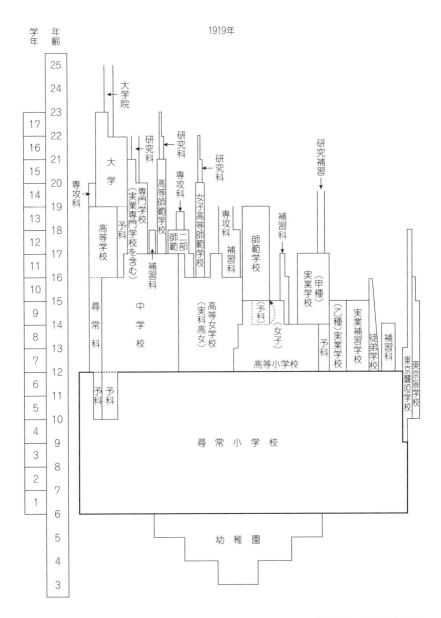

図 7 - 6　戦前と現代の

出所：文部科学省ホームページ「学校系統図」第 6 図大正 8 年 https://www.mext.go.jp/b_menu/hakusho/

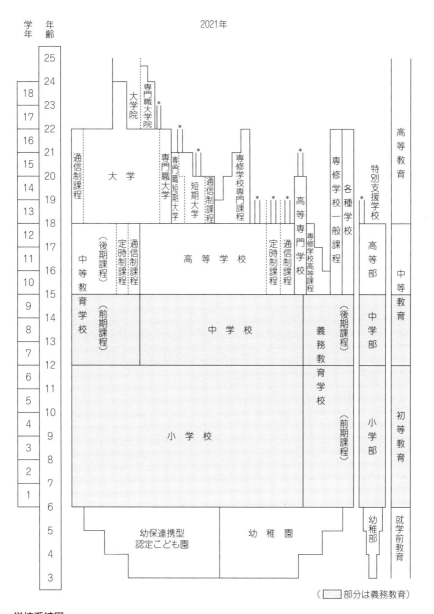

学校系統図

html/others/detail/1318188.html および文部科学省（2021）「諸外国の教育統計」令和 4（2022）年版。

6・3・3・4制の単線型の学校体系を敷いた（図7-6）。戦前の義務教育は小学校6年間に留まり，中等教育段階は中学校，高等女学校，実業学校などに分岐した複線型の学校体系で，出自や身分，所得，性別等によって通える学校が異なった。このうち大学に進学できたのは男子のみが通う中学校だけであった。そこで戦後の義務教育は中学校での3年間を加えた9年間に延長した。また中学校の修了後は，誰もが選択して進学できる統一的な中等教育機関として「高等学校」を新設し，普通課程と職業課程を同一に置く総合制とした。また障害のある子どもの教育は，学校教育法により盲・聾学校・養護学校の設置が義務づけられ，1948年に盲・聾学校に義務制が敷かれた。しかし養護学校については1979年まで義務制が遅れた。

（2）「学校」の定義

学校教育法は第1条で「法律に定める学校」を定義し，「学校とは，幼稚園，小学校，中学校，義務教育学校，高等学校，中等教育学校，特別支援学校，大学及び高等専門学校」と規定している。これら9つの学校のうち1998年に中等教育学校が導入され，2007年に盲学校・聾学校・養護学校が特別支援学校として一本化され，改称した。2014年には小中一貫教育を行う義務教育学校，高等教育機関として専門職大学院が加えられた。

これら以外の学校として，専修学校と各種学校等がある。専修学校は職業や最新技術に関連する専門性の高い実務教育（工業・農業・医療・衛生・教育・社会福祉・家政・文化など）を行う。各種学校には，修業年限等に柔軟性のある民族学校やインターナショナル・スクールなどの外国人学校や予備校，自動車教習所などがある。

「学校」の設置は，学校教育法によって文部科学大臣の定める基準に従い，国（国立）・地方公共団体（公立）・学校法人等（私立）ができる（例外として2002年に公布された構造改革特別区域法（第12条，第13条）により，株式会社や特定非営利活動法人（NPO）も学校を設置できる）。2023年時点の日本の設置者別の学校数（表7-2）は，小学校と中学校は公立学校の割合は約90％以上で，幼稚園，認定こども園，大学・短期大学では私立学校の割合が高い。高等学校では3人に1人が私立学校に通っていることになる。

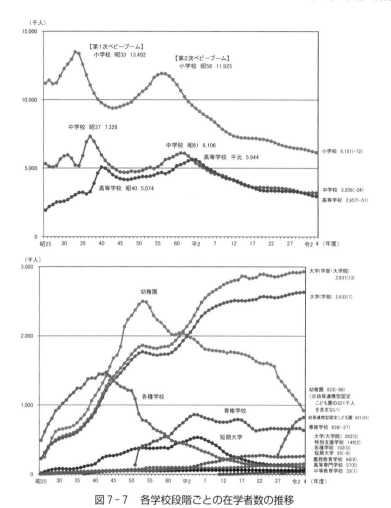

図 7 - 7　各学校段階ごとの在学者数の推移

出所：文部科学省（2022）『令和 4 年学校基本調査確報報道発表資料』 https://www.mext.
go.jp/content/20221221-mxt_chousa01-000024177_001.pdf（2023年 8 月24日閲覧）

　すべての学校は「公の性質」を持ち（教育基本法第 6 条），学校の設置者は，
公共の福祉に責任を持ち国民に開かれた教育機関を営む必要がある。このため，
学校の教育にはある程度の中立性が求められる。教育基本法第14条では学校教
育の政治的中立を，第15条では私立学校を除く国公立学校には宗教的な中立を
求めている。なお私立学校については，その自主性が尊重され（教育基本法第

表7-2　設置者別の学校数

	計	国立	公立	私立
幼稚園	9,111	49	2,910	6,152
幼保連携系型認定こども園	6,657	0	913	5,744
小学校	19,161	67	18,851	243
中学校	10,012	68	9,164	780
義務教育学校	178	5	172	1
高等学校	4,824	15	3,489	1,320
中等教育学校	57	4	35	18
特別支援学校	1,171	45	1,111	15
大学	807	86	101	620
短期大学	309	0	14	295
高等専門学校	57	51	3	3

出所：文部科学省（2022）『令和4年学校基本調査』より作成。

8条），独自の教育理念に基づく教育活動の裁量が許されている（私学教育の自由）。

（3）義務教育制度

　日本国憲法によって認められた義務教育の実施については，学校教育法がその原理・原則について示している。具体的には保護者と国と地方公共団体が，以下4つの義務を全うすることで成立している。

① 就学義務

　保護者は満6歳から満12歳までの子どもを小学校，義務教育学校の前期課程，または特別支援学小学部に就学させなければならない。満12歳から満15歳までの3年間は，中学校，義務教育学校の後期課程，中等教育学校の前期課程または特別支援学校中学部に就学させなければならない（学校教育法第16条，第17条）。なお就学義務にはやむを得ない事由での猶予・免除の事項がある。治療や療養，児童自立支援施設又は少年院の入院，帰国子女等で日本語能力が十分に養われるまでの期間などがある。

② 義務教育の無償化

　学校は授業料を徴収することはできるが，家庭の経済格差を埋めるため国公

立の学校は，義務教育の授業料は無償化される（学校教育法第 6 条）。私立学校では教育の内容に応じて独自に授業料を設定できる。なお授業で主たる教材として使用する教科書は学齢児童と生徒に無償で給付される（義務教育初等学校の教科用図書の無償措置に関する法律第 3 条）。しかし無償の範囲は教科書以外の教材や学用品，行事参加費などを対象としていない。

③　就学援助奨励義務

経済的理由によって就学が困難な家庭には，国及び地方公共団体は奨学の措置を講じなければならない（教育基本法第 4 条第 3 項）。義務教育については市町村が，世帯年収など一定の条件を満たす保護者には学用品，学校給食，学校病医療，修学旅行，体育実技用具，宿泊校外活動，通学等について費用を支給する（学校教育法第19条）。なお生活保護世帯の学齢児童・生徒については，教育扶助として学用品，学校給食，通学用品が給付される。

④　学校設置義務

義務教育の公立学校の設置は，地方公共団体に課されている。小・中学校の設置義務は市町村に（学校教育法第38条，第49条），特別支援学校の小学部・中学部の設置義務は都道府県に課されている（学校教育法第80条）。各学校の通学区の指定は市町村が行うが，事前に学校指定の保護者の意見を聴取したり，通学区域を柔軟に定めるなどの対応がある。

（4）教育行財政制度

学校の設置・管理運営に関する経費は，原則として学校の設置者が負担することが定められている（学校教育法第 5 条）。公立学校の場合は国庫支出金と地方交付税を重要な財源とし，私立学校では私学助成金による補助制度がある。学校教育費は大きく人件費，土地・建築費・設備・備品費，教育活動費・管理費などに分かれる。このうち義務教育に関わる教職員の給与と学校の設置や増改築は国や地方公共団体が必要経費の一定割合を負担している。小中学校の教職員の給与は，1952年に制定された義務教育費国庫負担法によって，国と都道府県（県費負担教職員制度）が負担している（1948年市町村立学校教職員給与負担法によって市町村は負担する必要はない）。また学校の設置や増改築の施設整備等については，国の義務教育諸学校施設整備費国庫負担金がある。そのほか学校教

育に関する経費である教育活動費や管理費，教材や備品費は市町村が負担する。

　なお近年，国や地方公共団体の財政事情は厳しく，教職員の給与負担については課題がある。国と都道府県で2分の1負担であったが，2006年義務教育費国庫負担法の改正により国の実支出額は3分の1負担となった。これにより地方公共団体の負担が増した。また，2004年に費目ごとの国庫負担限度額を解消した総額裁量制額が導入され，給与額や教職員配置を地方にゆだねる制度が導入された。これによって自治体の厳しい財政状況では教職員の給与の支出を抑えようとする動きがあり，非正規教員の比率が増している現状がある。

4　教育課程・教育内容に関する制度

　子どもの教育を受ける権利を保障するため，各学校では子ども・学校・地域の実態に応じて，独自に学校教育目標をたて教育課程を編成している。一方で教育課程は，教育機会の均等，全国の教育水準の維持の観点から，その内容を国家基準として文部科学大臣が定めている。本節では，学校教育の教育課程に関する制度について，学習指導要領の改訂，教科書の検定・採択制度について学ぼう。また2006年教育基本法に定められた教育振興基本計画の在り方について学ぼう。

（1）学習指導要領とその変遷
　幼稚園，小学校，中学校，高等学校の教育課程や内容については，教育機会の均等，全国の教育水準を維持の観点から，文部科学省から諮問を受けた中央教育審議会が審議を行い，文部科学大臣が学校教育法施行規則第52条などに基づき，「幼稚園教育要領」「学習指導要領」に定めている。戦前の教則や教授要目の反省として，1947年に試案として「教員の手引き」が発表されたが，1958年の学習指導要領の改訂から告示化され，現在では法的拘束力があるものとされる。しかし学習指導要領は「学校でどういう内容をどの発達段階で扱うべきか」を示した指針であり，実際の授業や教育活動について細かく指示したものでない。具体的な教育課程の編成は各学校で行い，教育現場における教員によるさまざまな創意工夫による教育実践の在り方が確保されるものである。

表7-3　学習指導要領（小学校・中学校・高校）・幼稚園教育要領の改訂の変遷

改訂年	主な事項・改訂の特徴
1947年 （小・中・高）	・学習指導要領は「試案」として「教師の手引き」と位置づけられた。 ・戦前の「修身」「公民」「地理」「歴史」に代わり，アメリカの経験主義カリキュラムが採用され「社会科」「自由研究」の新設，小学校の「家庭科」の男女共修化等がされた。
1948年（幼稚園）	・「保育要領―幼児教育の手引き―」として公布。幼児期の発達の特質，生活指導，生活環境等について解説し，保育内容を「楽しい幼児の経験」として12項目に示した。
1951年 （小・中・高）	・「教科課程」は「教育課程」へ改称された。 ・教科を4つの経験領域に分け，教科の授業時間数を全体時間数の比率で配当した。 ・「自由研究」廃止，小学校「教科外の活動」中・高校「特別教育活動」，高校社会科「日本史」の新設。
1956年（幼稚園）	・国の幼稚園教育課程の基準として「幼稚園教育要領」を刊行。 ・教育内容を「望ましい経験」とする6領域（健康，社会，自然，言語，音楽リズム，絵画制作）に分ける。 ・小学校との教育内容の一貫性に配慮した指導計画の作成を示した。
1958年 （小・中・高）	・学習指導要領は文部省による初の「告示」化。 ・科学技術教育の向上が重視され，教科中心の系統主義カリキュラムへ転換した。 ・教育課程は各教科，道徳，特別活動，学校行事の4領域となり，小中学校で「道徳」，高校で「倫理・社会」を必修科目として設置。
1964年（幼稚園）	・「幼稚園教育要領」は文部省による初の「告示」化。 ・6領域にとらわれない総合的な経験や活動を通じた「望ましいねらい」について明示。 ・指導計画における幼稚園教育の独自性を明確化
1968年（小） 1969年（中） 1970年（高）	・高度経済成長期の「教育内容の現代化」として国際競争のための学力向上が重視され，教育内容が最も増えた。 ・教育課程は各教科，道徳，特別活動の3領域となった。
1977年（小・中） 1978年（高）	・管理教育や詰め込み教育の弊害（落ちこぼれ・校内暴力）から「ゆとりある充実した学校生活の実現」の方針が示された。 ・教育内容と授業時間数が削減され「ゆとりの時間（学校裁量時間：社会奉仕，勤労体験等）」中学校で選択教科，高校で「習熟度別学級編成」の新設。 ・学校行事における国旗の掲揚，国歌（君が代）斉唱を「望ましい」と規定した。
1989年 （小・中・高）	・情報化・国際化，価値観の多様化に対して「思考力・判断力・表現力」等を重視する「新しい学力観」が示された。 ・授業時間数の弾力化，中・高校の選択履修幅の拡大，小学校低学年の社会科と理科を統合した「生活科」の新設 ・学校行事等での国旗（日の丸）掲揚，国家（君が代）の斉唱を「指導するもの」として義務付けられた。
1989年（幼稚園）	・幼稚園教育の基本を「幼児期の特性を踏まえ環境を通して行うものである」ことを明示。 ・保育内容を6領域から5領域（健康，人間関係，環境，言葉，表現）に再編成された。

1998年 （小・中・高）	・「ゆとり」のなかで特色ある教育を展開し「生きる力」を育成することが示された。 ・学校週5日制の完全実施，授業時間数及び教育内容の大幅削減，小学校3年生以上に「総合的な学習の時間」の新設，高校の「学校設定教科・科目」および必修科目「情報科」の新設，中高校の「特別活動」から「クラブ活動」が廃止。道徳（心の教育），ボランティア・自然体験の強調。
1998年（幼稚園）	・「ゆとり」「生きる力」「幼児期からの心の教育の在り方」を背景に，教師の計画的な環境構成や活動場面での役割，幼児期の発達の特性を踏まえた教育課程の編成を強調。 ・指導計画上の留意事項として小学校との連携，子育て支援活動，預かり保育について明示。
2006年	教育基本法の改正
2007年	学校教育法の改正
2008年（小・中） 2009年（高校）	・OECD の国際学力調査の結果を受け「ゆとり教育」から「生きる力」「確かな学力」の育成の取り組みへと転換した。 ・授業時間数の増加，思考力・判断力・表現力に加え，言語活動，理数教育，体験教育の充実化，小学校高学年で「外国語」の新設。 ・2006年の教育基本法改正により，公共の精神の育成，伝統・文化，道徳教育の重視
2008年（幼稚園）	・幼小の円滑な接続を図るため，規範意識や思考力の芽生えなどに関する指導を充実 ・幼稚園と家庭の連続性を強調。預かり保育・子育て支援について留意事項等を示した。
2015年（小・中）	・「道徳」を「特別の教科　道徳」とすることが示された。

注：2002年の遠山文部科学大臣は，1998年の改訂におけるゆとり教育の見直しの観点から「確かな学力の向上のための2002アピール」を発表し，「確かな学力の必要性」を強調し，「学習指導要領は最低基準であること」が明言された。

出所：解説教育小六法編集委員会（2021）『解説教育六法2021　令和3年版』三省堂。

　学習指導要領はこれまで10年ごとに改訂されている（表7-3）。最近の改訂では2016年に中央教育審議会が，少子高齢化・グローバル化の発展，急激な技術革新による社会の変化のなかで未来を切り開いていく人間を育成する「社会に開かれた教育課程」を焦点とした答申を発表し，2017年に幼稚園教育要領と小学校・中学校の学習指導要領が，2018年に高校の学習指導要領が改訂された。今回の改訂では「何を学ぶか」から「何ができるようになるか」を重視した教育課程を掲げ，①3つの資質・能力（「知識および技術の習得」「思考力・判断力・表現力等の育成」「学びに向かう力・人間性などの涵養」）の育成を目標に，②「どのように学ぶか」という学びの質や深化を問う「主体的・対話的で深い学び」を行う授業実践（アクティブ・ラーニング）を推進した。また③カリキュラム・マネジメントによる教育活動の質の向上が盛り込まれた。このほかにプログラ

ミング教育やキャリア教育の充実，高校では「公共」が新設された。幼稚園教育要領については，小学校との円滑な接続および幼保一元化に向けて，保育所保育指針と幼保連携型認定こども園教育・保育要領とともに「幼児期の終わりまでに育ってほしい姿」を示した。また子育て支援や預かり保育のさらなる充実化が図られた。

（2）教科書制度

　小学校，中学校，高校で使用される教科書については，全国的な教育水準の維持向上，教育の機会均等の保障，適正な教育内容の維持，教育の中立性の確保のため，文部科学大臣による検定が行われている（学校教育法第34条）。教科書の著作・編集は民間に委ねられ，著作者の創意工夫が反映されるが，4年ごとに文部科学省が設置する教科用図書選定審議会の答申に基づき，教科書の内容の正確性や表現の適切さ，学習指導要領に示された事項が不足なく取り上げられているかが審査され，合否が決定される。文部科学省による教科書の検定についてはこれまで公権力の介入ではないかという議論が積み重ねられてきた（「家永教科書訴訟（1965年〜2005年[*]）」。1989年には検定手続きの簡素化と申請者からの検定結果についての反論や意見申し立てが認められるものとなった。

　検定で合格となった教科書の採択については，公立学校では教育委員会，国・私立学校では校長の権限で実施される。教育委員会の教科書採択の手続きは，文部科学大臣が作成した教科書目録をもとに，都道府県教育委員会が教科書を選定する審議会を設置して調査を行い，採択基準や選定資料を作成する。市町村教育委員会は都道府県教育委員会から助言・指導を得て教科書の採択を行う。この採択のプロセスについては，ILO やユネスコの「教員の地位に関する勧告」（1966年[**]）が示したように，実際に教科書を使用する教員の意見を反映させることが課題となっている。教科書を選定する審議会には学識者のみならず教員を調査員として委託するなどの措置がなされている。

　　＊歴史学者・家永三郎（いえながさぶろう）の著した高校用歴史教科書の検定不合格をめぐる裁判で，第
　　2次訴訟は検定不合格は検閲であり違憲とされた。第3次訴訟は文部大臣の検定の
　　権限を認めた上で検定基準に「看過しがたい過誤」がある場合を違法とし，家永の
　　訴えは認められた。

＊＊同勧告第61条には，教員は「生徒に最も適した教具及び教授法を判断する資格を特に有しているので，教材の選択及び使用，教科書の選択並びに教育方法の適用にあたって……教育当局の援助を得て，主要な役割が与えられる」と定めている。
文部科学省ホームページ https://www.mext.go.jp/unesco/009/1387153.htm（2023年8月23日閲覧）

（3）教育振興基本計画の策定

　教育振興基本計画は，今後10年間を通じて目指す教育の姿を目標に，内閣が5年ごとに我が国の現代的な教育課題に対して教育の振興する基本計画である。2000年に安倍政権が設置した教育改革国民会議の答申を受けて，2006年の教育基本法改正時に第17条に盛り込まれた。教育振興基本計画の策定は，中央教育審議会の検討部会で審議・答申を発表した後，内閣で審議・決定される。政府の示した教育振興基本計画は国会で報告・発表され，文部科学省が国の計画として示し，地方の教育委員会は地方の実情に応じた教育振興基本計画の作成に努めるものとされている。

　教育振興基本計画の内容は，少子化・人口減少，グローバル化の進展，地球規模課題，格差の固定化と再生産など，Society 5.0 を見据えた新しい教育課題に対する施策とその指標が示される。その実施と結果については，次の5年後の計画策定に向けた検証改善サイクル（PDCA サイクル）が採用されている。これまで第1期計画（2008年度），第2期計画（2013年度），第3期計画（2018年度）が実施され，2023年度から第4期計画が始まった。第4期計画では新型コロナウイルス感染症の感染拡大と国際情勢の不安定化を踏まえ「教育の普遍的な使命」とともに「持続可能な社会の創り手の育成」および「日本社会に根差したウェルビーイングの向上」を掲げ，2027年度までの5つの基本的方針と16 の教育政策の目標，基本施策および指標を示している。このような日本の教育施策の中長期的な計画は，様々なエビデンスに基づき，国民の将来を真摯に見据えた合理的な議論と検討を重ねて決定する必要がある。教育の現場に関わる者や専門家，そして市民は時の政治状況に期待するだけではなく，身近なレベルから教育の課題に向きあい，議論に参加することが必要だろう。

参考・引用文献

広岡義之・津田徹（2019）『はじめて学ぶ教育の制度と歴史』ミネルヴァ書房。

解説教育小六法編集委員会（2021）『解説教育小六法2021　令和 3 年版』三省堂。

小国喜弘（2023）『戦後教育史――貧困・校内暴力・いじめから，不登校・発達障害
　問題まで』中公新書。

高見茂・開太郎・宮村裕子編（2018）『教育法規スタートアップ・ネクスト』昭和堂。

横井敏郎編著（2022）『教育行政学――子ども・若者の未来を拓く　第 4 版』八千代
　出版。

（小澤由理）

第 **8** 章

学校と子ども・教師

1　学校教育を成り立たせる「子ども」

　近代社会の確立に伴って学校が整備された。公教育という人々に開かれた教育機関としての学校が登場した。社会の変化に対応して学校も変化し，教育内容，教師，子どものあり方も変化してきた。近年これらの変化が激しい。学校教育に従事する者はこうした変化を理解する必要があり，自身（教師として，親として，ひととしての側面）がどのように学校や子どもと関わっていくべきかを考察することとなる。ここでは教師としての関わりのあり方や可能性について考察してみる。

（1）子どもの特質
　子どもは将来の世界や社会を担っていく存在であるが，社会に巣立つまでは親（保護者）や大人の保護・養育・教育が必要である。
　大人の有する能力と子どもの有する能力とでは当然相違が存在する。江戸時代の詩人　橘曙覧（1812-1868）は「たのしみはまれに魚烹て児等皆がうましうましといひて食う時」という短歌を残している。そこには食事をする子どもの素朴な様子とそれを見守る親の子どもへの温かいまなざしを強く感じとることができる。英語のinfant は，speechless の意味をもち，言葉を解さない，話せないという意味があるという。大人は子どもの教育に対して包容力のある教育愛をもって接する必要がある。その意味で，子どもの特質とは，
　①　発達段階において未だ成長過程の最中にあって未完成なる存在
　②　身体的，精神的，心情的，社会的成長の最中にある存在

③　大人，親（保護者）に見守られている存在

④　仕事に就くこと（職業的自立）を猶予された存在

⑤　ひととしての成長途上にある存在

ということができる。上記以外にも年齢上の制約を子どもに設けている場合などがあり大人とは大きく異なっている。そのため親（保護者）や大人は，温かい人間愛でもって，子どもが成長するさまを認め，成長するまでの間，見守ることとなる。

内閣府『令和4年版子供・若者白書』（2020年7月）によれば，各法令によって子どもと若者の年齢区分を一覧にまとめていて，法律によって子どもと大人の捉え方をそれぞれ規定していることは興味深い。例えば**児童福祉法**によれば，児童とは18歳未満の者，うち，乳児を1歳未満の者，幼児を1歳から小学校就学の始期に達するまでの者，少年を小学校就学の始期から18歳に達するまでの者，としている。以下法令による呼称と該当年齢をいくつか挙げてみる（内閣府，2020：298）。

法律の名称	呼称等	年齢区分
刑法	刑事責任年齢	満14歳
少年法	少年	20歳未満の者。ただし，特定少年（18歳以上の少年）については，保護事件の特例，刑事事件の特例，記事等の掲載の禁止の特例がさだめられている。
民法	未成年者	18歳未満の者
民法	婚姻適齢	男18歳，女18歳
労働基準法	年少者	18歳未満の者
労働基準法	児童	15歳に達した日以後の最初の3月31日が終了するまでの者
児童の権利に関する条約	児童	18歳未満の者

その他，喫煙や飲酒の禁止に関する法律においては，未成年者の呼称をもって，20歳未満の者としている。

このように年齢によって法令等における呼称や責任・能力の別を示している。

（2）家庭から学校社会への参入へ

教育の場所としては，家庭，学校，地域社会がある。子どもは就学年齢を迎

えると学校に通うこととなる。乳幼児期では家庭や親（保護者）との関わりが強く，家庭においては様々な価値観を共有する。子どものその後の人格形成に大きな影響を与える場が家庭である。家庭生活においては家族間の愛と信頼の関係性を確認・構築し，言語活動，身体活動を通して，基本的生活習慣（食事，排泄，睡眠，着脱衣，清潔）を身に付ける。意図的教育の場所としての学校教育とは異なり，家庭教育では何らマニュアルや教科書は存在せず，もっぱら親（保護者）の教育観や価値観が子どもに大きな影響を与える。そのため家庭教育は無意図的教育の場所とも言われ（無関心という意味ではない），無意図的教育の場であるからこそ教育的真価が問われる。

　他方，学校教育は法的にも規定された公的，社会的性格を帯びており，小学校と中学校は義務教育である（保護者に対しては子どもに教育を受けさせる義務が生じる*）。

　　　　＊日本国憲法第26条第2項「すべて国民は，法律の定めるところにより，その保護
　　　する子女に普通教育を受けさせる義務を負ふ。義務教育は，これを無償とする。」

　就学義務に伴い家庭教育から学校教育への移行は，子どもにとって当初，どのような変化があるだろうか。毎年4〜5月に，認定こども園などでは保護者と共に送迎された子どもが施設に入り保護者と別れた途端，緊張と不安から泣き出す子どもがいる。これは異質な空間への参加の最初に見られる傾向である。しかし新しい社会集団への参入が定着しはじめると新しい人間関係を学びはじめる（新しい友人や教師など）。このことは，小学校から中学校へ，中学校から高校へとそれぞれ進学した時，異なる社会集団に参入し学びはじめるという点で同様であり，これを通過儀礼と言うことがある。

　子どもは見知らずの者との関わり方を，遊びや学習活動を通して学んでいくこととなる。社会や集団の有する意味合いにも気づくようになる。

（3）子どもの自律心の涵養や社会的成長が期待される

　学校は何のために存在するのか。教育行政用語として「学校」とは，学校教育法第1条に定める9種類の学校（幼稚園，小学校，中学校，義務教育学校，高等

学校，中等教育学校，特別支援学校，大学，高等専門学校）を意味し，一条校とか一条学校などと言われる。これらの学校は公教育の性質を有し，設置基準と呼ばれる公的な教育施設に相応しい最小限の要件の充足を求めている。また学校は組織的な運営が求められ，校務分掌（こうむぶんしょう）と呼ばれる教職員が学校教育の目的達成のための役割分担が取り決められている。また文部科学省や各教育委員会からの通達などの主旨を理解する必要がある。そのため公教育の実現の場として公平性や組織性を重んじる必要があるのも事実であるが，あまりにも管理・運営的側面が強調されすぎたり，教員の自主性が軽視されるとしばしば問題が生じる。誰のための学校なのかという疑問が浮上することもある。学校は言うまでもなく学習者（子ども）のために，学習者（子ども）の教育のために存在し，教員は教育をつかさどる。学校教育法には，各学校の教育目的と教育目標が示されている。学校は組織として教職員が一体となって有機的に機能することが求められる。そのため，学校教育では，教育内容についてはもちろんのこと，学習者（子ども）の発達状況や学習環境の適性などを考慮に入れる必要がある。

　日本の学校制度は，小学校，中学校の場合，年齢主義を採用しており，同年齢集団による学習組織がいわば前提となっている。そして夜間中学校や単位制高等学校のように，様々な年齢層の学習者で構成される学校もある。他方，高校や大学は課程主義をとっている。課程主義とは，一定の学習成果を試験結果等によって認定していく方法のことである。年齢主義と課程主義のそれぞれの持つメリット，デメリットは教育学上の議論の対象となっている。戦後，日本の学校制度が6－3－3－4制で展開されてきたのに対し，義務教育学校の登場によって必ずしも初等教育が6年制に限られるということはなくなった。このことは近い将来，小学校や中学校の概念の変更を迫ることとなり，校種別に教員免許が位置づけられている現在の教員免許制度について，当然あり方や運用の仕方についても変わってくるだろう。

　現在の学校教育に求められている視点として，「主体的・対話的で深い学び」が挙げられている。これは学校の教育課程に焦点をあてた教育課程用語であるが，もちろん根拠のない児童生徒の自己主張の教育や学問的根拠に乏しい主体性のことを示しているのではないことは言うまでもない。また主体性のみが目的となってしまう学習活動はここでは求められていない。児童生徒一人ひとり

が主体的，能動的に問題に真摯に取り組み課題解決を試みるあり方を目指している。このことに加え，社会の現実・事実を知ることは学校でも重要である。子どもが来るべき変化の激しい時代において，社会の現実を認識し，生き抜く力を獲得するため，学校教育の果たす役割は大きいと言わねばならない。現代の国際社会の状況は激変しつつある。感染症拡大，災害，エネルギー問題，食料問題，国際秩序の問題など人々が社会において平和で安心して健やかに生活できることが強く求められている。

　よく言われるように，先生の言うこと，親の言うことをよく聞く子どもは，果たしてよい子どもであるのかという問いがある。従順さや指示されたことに対応できることは場合によっては必要である。社会的文脈や道徳的文脈において必要な対応が求められているにもかかわらず，それを無視したり反発したりすることは望ましいことではない。しかし，先生のいうことがすべて正しいと信じることも幾分慎重さを要するかもしれない。日本の学校教育は，イエスマン（先生の言った内容を何ら考えることなく素直に聞き入れたり実行したりする人物）を育てることに主眼が向けられているとも言われることがあった。また教師の側においても残念ながら，いまだに教師の恣意的な発言や軽率な行動，短絡的，感情的な指摘が多感な子どもを傷つけてしまうこともある。こうしたことを学校教育は本来求めているのではない。そのため教師は常に学び続けなければならないだろう。特に子どもの考えていることが理解できない，わからない教師こそ，最も恐れるべき教師なのかもしれない。そのためにも教師には研鑽や修養，社会経験も必要である。そして子どもには，自立（自律）性や自ら問題に関わる態度や社会的協議を行うことを通して，善の観点において社会や人類の共通の課題に立ち向かう態度が必要である。

2　学校教育を成り立たせる「教師」

（1）教員養成段階において求められる「教師」の資質

　「教師」になるためには，教員免許状を取得することが必要である。教員免許を取得するためには，文部科学省から教職課程の認可を受けている大学等の「基礎資格」を必要とし，例えば中・高一種免許状の場合「学士の学位を有す

ること」が必要である。また「教育の基礎的理解に関する科目等」「教科及び教科の指導法に関する科目」「大学が独自に設定する科目」（合計59単位以上）の単位修得が必要である。教育職員免許状施行規則第66条の 6 に定める科目の単位修得も必要である。さらに小学校・中学校の免許状を取得するためには，「介護等体験」の修了証明書が必要である。

　大学において教員免許状を取得する場合，卒業までの履修計画を綿密に行い，学科の学業を修め専門性を学びつつ，上記の教職課程の科目について計画的に履修していく必要がある。

　大学等で学ぶ教職に必要な知識・技術など以外にも，教師にとって必要と考えられる知識，技術は他にもある。もちろん教師にとって大前提となるものは教科指導に必要な専門的知識・技術や生徒指導，学級経営などの能力であるが，それらの基本となる対人関係，コミュニケーション能力，事務対処能力，情報処理能力，企画力，調整能力，発言力，社会性，行動力，健全な形で職務遂行しうる能力（体力，精神力），人間力，そしてなによりも健康が必要である。もちろん，このように教師に必要な能力を列挙するとすべてを駆使しなければならないと思うかもしれない部分は否めないし，過分な職務によって教職全体のあり方に疲弊を生じさせている現実もある。だが，教師は教育的観点において児童生徒に適切に対処しうる能力が豊かで包含力のある対応が必要である。

　近年，学校現場で働く教師について様々な問題が指摘されている。教職員の多忙化の問題，幼児・児童・生徒への理解の仕方や対応への困難，保護者への対応，服務上（特に，職務専念義務違反，信用失墜行為など）の問題，同僚や管理職との人間関係や学習指導や生徒指導上における対応困難な問題など多岐にわたっている。また休職せざるを得ない状況（分限休職（職を保有しつつ一定期間職務に従事させない処分）のうち，ほとんどが精神疾患による休職）なども一定数存在する。

（2）教員採用選考試験において求められる内容

　教員免許状を所有していたとしても実際学校現場で教諭として働くことができるかと言えばそうではない。教員採用選考試験において合格することが必要である。任命権者（公立学校の場合は都道府県や政令指定都市の教育委員会）として

は，公立学校の場合教育委員会が，私立の場合は学校法人がそれに該当する。教員となる場合，雇用の形態によって，教諭，常勤講師，非常勤講師に大きく分けることができる。教諭採用とは，公立学校の場合，教員採用選考試験によって合格となって任命権者によって採用されることである。常勤講師は有期の雇用契約によって採用されることで，産休教員の代行や教員定数の満たない学校で事情がある場合など，1年ごとなどで雇用契約を結ぶ場合である。非常勤講師は特定の曜日・時間のみの授業を担当することとなる契約形態で，主に1年ごとの契約である。

　任命権者も，採用時に出願者に対して教師としての様々な能力や実践的な力を求めている。特に公立学校の教員の場合，都道府県や政令指定都市の各教育委員会では「育成指標」を公表している（私学教員は学校法人独自の服務規定（規程，規律）がある）。「育成指標」とは各自治体で教員となった者が各観点別に教職経験年数に応じて資質や能力，技術を示すものである。「育成指標」は各教育委員会と地域の大学等とが連携して決定したもので，養成終了時点（大学卒業時点）の教員としての能力，中堅程度の教員経験者，ベテランの教員経験者など教職勤務経験年数ごとに都道府県教育委員会（政令指定都市教育委員会）が公表している。これらに示されている観点は学校運営や社会的ニーズを踏まえた内容であり，「学び続ける教師像」を示したものである。

　教員採用選考試験は，他の地方公務員試験のように競争試験ではなく，選考試験である点に特徴がある。日々子どもたちと接する教職員として，また保護者からの信頼に応え得る人物が求められる。現在では保護者の教育的背景も多様化していることからも，専門教科の知識・技能，指導力についてはもちろん重要となっており，また学校教員として本来的に求められる内容（対人能力，事務処理能力，社会性，協調性など）も重視されている。

（3）教師生活のライフデザイン

　教員採用選考試験に合格すること。これは教員になりたいと願う者の目標でもある。しかし教師のゴールは教員採用選考試験の合格のみをもって達成されるのではない。たしかに教員採用選考試験に合格しなければ，永続的な教員生活を送ることは困難であり，自らの教育理想の実現や経済的自立や精神的安定

などを得るため，まずは教員になることが当面の大きな目標となる。だが教員
になることができても日々「研究と修養」(教育基本法第9条) が求められてお
り，さらに公立学校教員には研修制度が法的に設けられており，教職生活はい
わば一生学び続ける存在であるとも言えるだろう。

　もちろん免許取得の上［大学卒業後］，いったん社会人を経験してのち，改
めて学校現場［教師］を目指す者も少なからず存在しているため，最短ルート
である現役合格にこだわる必要はないという考え方もある。また近年教員採用
選考試験の受験倍率の低下が問題となっており，早期の段階で採用試験の実施
に踏み込む自治体も見られるが，受験者としてどのような教師となりたいのか
という強い信念が問われている。

　人生80年と言われることがあるが，2019年の統計によれば平均寿命が男性
では81.41歳，女性では87.45歳である (厚生労働省ホームページ https://www.e-
healthnet.mhlw.go.jp/information/hale/h-01-002.html)。22〜23歳前後で新規教員に
採用され，その後60歳の退職まで勤め続けるとすれば，約40年近い教師生活が
待ち受けている。さらに再雇用制度などを利用することができれば，教員生活
がさらに続くこともある。

　教師を継続して勤める場合にも，公的な側面と私的な側面が存在している。
教員の私的な側面の一例としては，自身が教師としてどのように成長していく
かという問題とともに，私的 (個人的) 生活の充実 (例えば，家庭を持つことや家
族生活を充実させること) などの個人的事情によってライフステージの内容が当
然異なるものもある。公的な側面には，一般には数年ごとの勤務校の転勤，校
務分掌の対応や学級担任の有無，学年や学級の相違，指導については教科や科
目内容の相違や指導方法や工夫の余地，生徒との関わり等において，年ごとや
学期ごと，行事などに応じても変化し，目まぐるしく変化に富んだ環境がある。
この点に教職生活の醍醐味があると言えるかもしれないが，児童生徒とともに
教員自身も変化するとともに成長を感じることもあるだろう。また教員生活が
長くなってくると，学校組織特有の仕組みを把握することができ，教職員間の
交流も重ねることで同僚の教員はもちろん，巣立った子どもの状況などについ
ても知りうる状況となるだろう。特に，卒業生からの近況報告や活躍ぶりを知
ることは教師としてのやりがいを感じることの一つでもある。

2012年の中央教育審議会において「教職生活の全体を通じた教員の資質能力の総合的な向上方策について」が答申された。この答申以降，学び続ける教師像という用語が広く知られるようになった。教員への期待に応えることも重要であるが，以上において触れたことからも，自律的に能動的に教職に取り組む態度，すなわち「学び続ける教師」像という視点も重要である。

3　学校教育を成り立たせる「授業」

（1）教育課程・教育方法の基本
　教員の仕事の中で大きな割合を占めるのが授業と授業準備，教材研究である。各学校の教育課程は，学習指導要領によるものとし，学校種によってその特徴は異なっている。
　校種別による教育課程上の相違（教育課程の領域）があり，これらの構造を理解することは学校の教育活動を理解する場合に必要であり，小学校では5領域，中学校では4領域，高等学校では3領域である。
　　小学校＝各教科，特別活動，総合的な学習の時間，道徳，外国語活動
　　中学校＝各教科，特別活動，総合的な学習の時間，道徳
　　高等学校＝各教科，特別活動，総合的な探究の時間
　なお道徳は，特別の教科道徳であり，教科ではあるがここでは上記の通りに示すこととする。領域と教科の相違については，教科の場合，相当する免許，教科書が存在すること，（数値による）評価などが特徴とされる。道徳の場合はその教科の性格上，評価は行うが数値によらない，相当教科の教職免許が存在しないが教科書は存在するなど，特異な位置づけとなっている。
　校種による教育の相違については，小学校はクラス担任制であり，中学校および高等学校は教科担任制である。小学校と中学校では各教科については教科のみであるが，高等学校では教科と科目とに分けられる。小学校・中学校の授業時間については時間制であるが，高等学校の場合は単位制である。小学校・中学校の授業時数は，学校教育法施行規則によって学年・教科毎に定められている。高等学校の授業時数は，74単位以上の卒業要件（単位修得要件）があり，必履修教科目が学習指導要領総則に示されている。高等学校には学校設定科目，

学校設定教科という高校独自の裁量によって名称，単位数，内容を取り決めできるものがある。

（2）学習指導要領で求められている特徴

　学習指導要領は，国の定める学校教育の教育課程の基準である。学習指導要領は，小学校，中学校，高等学校のものがそれぞれあり，特別支援学校についてもある。幼稚園は幼稚園教育要領と言われる。学習指導要領は社会の変化にともなって約10年ごとに内容が改訂されている。これに基づいて学校教育の教育課程が編成され，また教科書作成の基準ともなる。そのため社会的影響が大きく，入試や学力試験などの基準や目安となる。

　現行の学習指導要領は，2017（平成29）年に幼稚園，小学校，中学校の，2018（平成30）年に高等学校の学習指導要領が告示された。告知されると数年かけて学校関係者に対し周知・準備期間としての期間の後，実施に移される。その間に教科書会社は教科書の作成を行い，内容に基づいた検定を受ける。

　現行の学習指導要領では，「主体的・対話的で深い学び」が求められている。これはアクティブラーニングとも言われ，実技科目に限定されるものではなく，普段の学習活動においても積極的な取り入れが求められている。これは従来の学校教育が座学中心の学びの傾向が強く，主体的に取組む態度や他者との対話を通した学びが国際社会や実際社会では自然であるにもかかわらず，軽視されてきた傾向があったためである。

　また，現行の特徴としてそれ以外にも，カリキュラム・マネジメントが挙げられる。これは，従来，授業改善に資する体制が弱かったところから，PDCAサイクルを取り入れ授業改善に通ずるカリキュラム運営が求められることによる。さらに，多様な児童・生徒（配慮を要する児童生徒（不登校，障がいのある児童生徒）への対応，海外から帰国した児童生徒や学齢を経過した児童生徒など）を対象とした教育課程のあり方について触れられている。

　また教育評価と呼ばれる教育分野があり，個々の教師の教育実践に資する評価がある。教師は診断的評価，形成的評価，総括的評価[*]によって教育目標や授業計画，指導計画などを有効に実施すべく活用が求められている。

＊診断的評価：新しい学年や学期あるいは新しい学習単元に入る前に，これから必要となる既習事項が定着しているかをあらかじめ判断するための評価。形成的評価：授業中や小単元の終了時など，当面の目標に対する達成状況を中間的に把握するための評価。総括的評価：学期や学年の終了時などにそこまでに学習した内容をどの程度習得しているかを把握するための評価。

　さらに子どもたちに学習成果がどの程度定着しているのかを推し量る国際学力調査（例，PISA や TIMSS），文部科学省が実施している全国学力・学習状況調査などがあり，教育改革や教育政策策定の参考とされている。

4　学校教育を成り立たせる「学校」

（1）学校の機能

　学校の特徴・機能としては，①公教育としての性格，②社会生活に必要な教育（知識，技術を獲得する）の場，③学歴付与機関としての場，④社会的集団的関わりを通した教育の場などを挙げることができる。

　学校教育には様々な問題や課題がある。まず学校教育の教育課程に関わる問題（学力の問題，学習態度や学習姿勢の問題，体力の問題，子どもの健康や安全に関する問題，学校生活上の問題，生徒指導上の問題，学校運営上の問題，学校評価の問題など）や学校で働く教員の問題（例，教員の働き方改革において取り扱われている問題など）がある。また教育振興基本計画という中長期的な教育政策のあり方を示したものや，審議会等で表明されている答申などは，わが国の学校教育が根本的に抱えている諸問題について言及しており，問題解決の方向性や積極的な提言がされている。これらの答申などについて自分で調べ，何が現在の学校において問題となっているのか，今後の学校教育において導入されようとするのか等を調べてみることも有益である。ここでは，特に，情報社会の到来に伴う中長期的に求められる学校教育のあり方について触れてみる。

（2）ICT と学校教育

　内閣府の HP によれば，Society 5.0とは，「サイバー空間とフィジカル空間（現実空間）を高度に融合させたシステムにより，経済発展と社会的課題の解決

を両立する，人間中心の社会」（https://www8.cao.go.jp/cstp/society5_0/　2023年8月18日閲覧）とあり，我が国が目指すべき未来社会のあり方を示した用語である。すでに人類は，狩猟社会（Society 1.0），農耕社会（Society 2.0），工業社会（Society 3.0），情報社会（Society 4.0）と人類史を歩んできており，来るべき我が国の社会が上記のSociety 5.0の社会だという。

　今後社会が重点的に発展を期待する分野として，いくつかの代表的な分野がある。なかでも，各国においては宇宙技術，軍事技術，通信技術，医療技術，産業技術，エネルギー技術を重点的政策課題として挙げている。国際化が一層進展することにより，国際秩序の安定化や国際理解の推進，エネルギー問題，食料問題が大きな問題になってくるだろう。また情報化の世界的な発展的動向は，新しい局面を迎えつつあり，ビッグデータ，AR，生成AI（ChatGTP），深層学習などの可能性が議論され，そのための使用方法，運用規定，合意形成やルールづくりなど新たな対応が求められ，学校教育においても無視できない状況となっている。

　ICT（Information and Communication Technology：情報通信技術）には功罪としての側面がある。中央教育審議会答申「「令和の日本型学校教育」の構築をめざして」（2021年1月）において，「6　遠隔・オンライン教育を含むICTを活用した学びの在り方について」と題し，「ICTはこれからの学校教育を支える基盤的なツールとして必要不可欠」と言及している。続けて「心身に及ぼす影響にも留意しつつ，日常的に活用できる環境整備が必要」（同答申）と主張している。その他にもICTを「文房具」として活用できるようにしたり，学習履歴（スタディ・ログ）など教育データを活用した個別最適な学びの充実が挙げられている。現に，このことは例えばGoogle社のGoogle for EducationやMicrosoft社のMicrosoft 365のTeams（コラボレーションツール）やForms（アンケート）アプリケーションを利用することによって教師が簡単に構築していくことが可能であり，合理的に学習管理や児童生徒，保護者とのやりとり，それらに関連した情報管理を一元的に取り扱うことが可能となっている。

　普段子どもたちが利用するスマートフォンやタブレットの利用は子どもの時間を奪い，従来の子どもが費やしていたこととは異なる状態になってきている。子どもたちは，サンマ不足（三間と書いて，時間，空間，仲間）になっていると

もかつて言われたことがあった。すなわち遊ぶ時間，遊ぶ場所［空間］，遊ぶ仲間の不足のことである。だが，2020年に発生した世界的なコロナウイルス感染症拡大は全世界に大きな意識変化をもたらした。それに伴って学校や子どもを取り巻く環境は異質化してきている。わが国においても在宅による学びや新しい遠隔授業などが公教育においても取り入れられ，学校に通学しなくとも遠隔授業が可能となった。ネットワークやクラウド，有益なアプリケーションを利用することによって新しい学びの形態を生み出すこととなった。だがその結果，パソコン，タブレットやスマートフォンの使用による子どもたちの従事時間がかつてないほどになった。『子供・若者白書』によれば，青少年のインターネットの利用時間（平日1日当たり）は，最多の時間区分が，小学生で2時間以上3時間未満，中学生で3時間以上4時間未満，高校生で7時間以上ということであり，その表には，「インターネットを利用すると回答した青少年の平均利用時間は，前年度と比べ約1時間増加し，約4時間24分」という一文が付加されている（内閣府，2020：162）。このデータは以前においては考えられない様相を呈しており，コンテンツの内容は別にしてもPCやスマートフォンの視聴に一日の大部分の時間を費やす子どもの生活実態は尋常ではないのかもしれない。

　かつてのサンマ不足は，今や，遊ぶ場所を，スマートフォンが取って代わってしまった。ネット上で遊ぶ時間，ネット上で出会うゲーム対戦相手，そして自室でのスマートフォン。強力な中毒性と画期的な利便性を併せ持つネットワークの魅力。もちろん，教育現場での多様で豊かな可能性を秘めたネットワークやICTの魅力もある。そしてプログラミング教育の導入や中学校技術・家庭科内での「情報の技術」，高等学校の「情報Ⅰ」の必修化などを見てもICTの取り扱いは必須になり，情報難民にならないためにも情報リテラシーを身に付ける必要性が高まってくるにちがいない。

　今後，こうした問題を学校がどう取り扱い，子どもがどう向き合うかをめぐって学校教育においても真剣に考えていかねばならない。

参考文献
石原千秋監修（2015）『教科書で出会った名句・名歌三〇〇』新潮文庫。

勝野正章他（2023）『2023教育小六法』学陽書房。

文部科学省編（2018）『小学校学習指導要領（平成29年告示)』東洋館出版社。

文部科学省編（2018）『中学校学習指導要領（平成29年告示)』東山書房。

文部科学省編（2019）『高等学校学習指導要領（平成30年告示)』東山書房。

文部科学省「「令和の日本型学校教育」の構築を目指して」（答申概要）https://
www.mext.go.jp/content/20210126-mxt_syoto02-000012321_1-4.pdf（2023年08月29
日閲覧）

内閣府（2020）『令和 4 年版　子供・若者白書』日経印刷株式会社。

内閣府「Society 5.0」https://www8.cao.go.jp/cstp/society5_0/（2023年08月18日閲
覧）

（津田　徹）

第9章

子どもの成長・生活をめぐる諸問題

1　いじめ・不登校

（1）いじめの定義

　2013年にいじめ防止対策推進法が制定された。第2条には以下のようにいじめの定義がなされている。「この法律において『いじめ』とは，児童等に対して，当該児童等が在籍する学校に在籍している等当該児童等と一定の人的関係にある他の児童等が行う心理的又は物理的な影響を与える行為（インターネットを通じて行われるものを含む。）であって，当該行為の対象となった児童等が心身の苦痛を感じているものをいう」（野村，2015：15）。

（2）いじめの現状

　いじめにはいくつかの種類がある。

① 　心理的ないじめ

・冷やかしやからかい，悪口や脅し文句，嫌なことを言われる。

・仲間はずれ，集団による無視をされる。

② 　身体的いじめ

・軽くぶつけられたり，遊ぶふりをして叩かれたり，蹴られたりする。

・ひどくぶつかられたり，叩かれたり，蹴られたりする。

③ 　物理的ないじめ

・金品をたかられる。

・金品を隠されたり，盗まれたり，壊されたり，捨てられたりする。

④　身体的要素を含む心理的ないじめ

・嫌なことや恥ずかしいこと，危険なことをされたり，させられたりする。

⑤　新しいタイプの心理的ないじめ

・パソコンや携帯電話等で，誹謗中傷や嫌なことをされる。(同：22)

　最近の現状としては，2020年度，いじめの認知件数は51万7,163件，児童1,000人あたり39.7件になり，いじめの重大事態の件数は514件あった。その前年度はいじめの認知件数61万2,496件で，9万5,333件（15.6%）減少，いじめの重大事態の件数は514件で209件（28.9%）減少となった。平成26年度以降，増え続けていたいじめの認知件数は大幅な減少となったが，これは新型コロナウィルス感染症の影響で，生活環境が変化したことに起因するものと思われる（一般社団法人ハートリボン協会「いじめの実態」https://heart-ribbon.jp/aboutus/jittai.html　2024年1月18日閲覧）。

　翌年の2021年度の小中高等におけるいじめの認知件数は，文部科学省が2022年10月27日に公表した「2021年度（令和3年度）児童生徒の問題行動・不登校等生徒指導上の諸課題に関する調査」の公表で，61万5,351件と過去最多となったことが明らかとなった。そのうちネットいじめ件数は初の2万件超えとなった（リシード「小中高のいじめ過去最多…ネットいじめ2万件超え」https://reseed.resemom.jp/article/2022/10/28/4941.html　2024年1月18日閲覧）。直近の統計データをみても，多くの子どもたちがいじめで辛い思いをしている現状が分かる。

（3）いじめ対策（予防）

① 実効性のある指導体制の確立

　いじめ発生についてきめ細かな状況把握を行い，学校及び教育委員会は相互に連絡や報告を密に行うことが求められる。校長をリーダーとして，教職員の役割分担や責任の明確化を図り，全教職員が密接な情報交換を行うことで共通認識をもち，連携して指導に取り組むという実効性の高い体制作りをする。

② 生徒への適切な教育指導

　前提としていじめの防止も含め，すべての生徒への指導として「いじめは人として絶対許されない」という認識をもつことが大切である。観衆や傍観者であっても加害者と同様に許されることではなく，いじめを大人に伝えることが

正しい行為であることもあわせて指導する。被害者には，友達や教職員，親に必ず相談できることを伝えておくことで，1人で抱え込まないようにする。また，加害者となった子どもが心理的な孤独感や疎外感を感じて，次のいじめ等に発展することを防ぐための指導も継続し，いじめを決して許さない学級経営を行う。

③　いじめの早期発見・対応

子どもたちには全人格的な接し方を心がけ，深い信頼関係を築くことが必要である。またスクールカウンセラーや養護教諭，親からのいじめの訴えや兆候等のサイン，些細な事象であっても受け止め，教職員同士で情報交換し現状の把握を行う。

④　被害者へのケアと弾力的な対応

いじめを受けた子どもは心に大きな傷を負い，その後の生活や将来に支障をきたす可能性があるので，被害者のケアを最優先する。そのためにスクールカウンセラーの活用，養護教諭との連携を積極的に図るようにする。

⑤　家庭や地域社会との連携

学校でいじめを把握した場合は，迅速に親や教育委員会に報告を行い，適切な連携を図る。またいじめの対処方針指導計画などの情報について，積極的な公開と保護者の理解や協力を求めることや，いじめ問題に関して学校と保護者や地域の代表との意見交換機会なども設ける（山本ほか，2018：90-118。gooddo「学校が行っているいじめの対策や取り組みとは？」https://gooddo.jp/magazine/education/bullying/11762/　2024年1月18日閲覧）。

（4）不登校の定義

文部科学省では，「不登校児童生徒」とは「何らかの心理的，情緒的，身体的あるいは社会的要因・背景により，登校しないあるいはしたくともできない状況にあるために年間30日以上欠席した者のうち，病気や経済的な理由による者を除いたもの」と定義している（文部科学省「不登校の現状に関する認識」https://www.mext.go.jp/a_menu/shotou/futoukou/03070701/002.pdf　2024年1月18日閲覧）。

（5）不登校の現状

　文部科学省が2022年10月に公表した「令和3年度児童生徒の問題行動・不登校等生徒指導上の諸問題に関する調査」の結果では，2021年度における小中学生の不登校数は24万4,940人で，前年度から4万8,813人（24.9%）の大幅増であった。20万人を超えたのは今回が初めてである。内訳は，小学生の不登校は8万1,498人で前年度比1万8,148人増，中学生の不登校は16万3,442人で前年度比3万665人増でともに過去最多であった。児童生徒1,000人あたりの不登校数は小学校で13人，中学校で50人となった。

　この結果の背景として，文科省は「児童生徒の休養の必要性を明示した教育機会確保法の趣旨の浸透」，「新型コロナウイルスによる生活環境の変化」，「コロナ禍のもと学校生活においてさまざまな制限があるなかで，登校する意欲がわきにくい状況」などが考えられるとした（不登校新聞「不登校が過去最多の24万人超　最新の調査結果から読み解く不登校の現状」https://futoko.publishers.fm/article/26644/　2024年1月18日閲覧）。

　不登校の主な要因（小・中学校）としては，無気力・不安91,886件（46.9%），生活リズムの乱れ，あそび，非行23,439件（12.0%），いじめを除く友人関係をめぐる問題2,413件（1.2%），親子の関わり方17,395件（8.9%），学業の不振10,675件（5.4%），家庭の生活環境の急激な変化5,667件（2.9%），家庭内の不和3,483件（1.8%），いじめ399件（0.2%）などである（一般社団法人ハートリボン協会『いじめの実態』https://heart-ribbon.jp/aboutus/jittai.html　2024年1月18日閲覧）。

　また不登校への支援について，文部科学省は不登校対応にあたって5つの視点を明示した。以下にそれを示す。

① 　将来の社会的自立に向けた支援の視点

② 　連携ネットワークによる支援

③ 　将来の社会的自立のための学校教育の意義・役割

④ 　働きかけることや関わりを持つことの重要性

⑤ 　保護者の役割と家庭への支援（文部科学省『不登校への対応について』https://www.mext.go.jp/a_menu/shotou/futoukou/03070701/001.pdf　2024年1月18日閲覧）

　また，精神科医の水野は学校での支援を中心に以下の内容を提言している。

① 担任の教師の関わり方
・不登校についての関心と知識をもつ。
・個別の理解と支援を考え，本人への接し方に留意する。
② 学校としての対応
・教職員がチームとなって対応する。
・学校外の支援機関との連携を図る。
③ 学外の支援機関との連携
・医療機関や相談機関，地域のフリースタール等と連携を図る。
・小中高の連携を図り，卒業後の支援につなげていく（水野，2016）。

2　ひきこもり

（1）ひきこもりの定義

　まずひきこもりの定義についてである。厚生労働省の概念規定では以下のようになっている。「様々な要因の結果として社会的参加（義務教育を含む就学，非常勤職を含む就労，家庭外での交遊など）を回避し，原則的には6ヶ月以上にわたって概ね家庭にとどまり続けている状態（他者と交わらない形での外出をしてもよい）をさす現象概念」（前島，2020：5）。

　ここで述べられている「様々な要因」とは，生来もっている発達上の課題など生物的レベルの要因，家庭や学校，地域社会環境などの社会レベルの要因を指しており，個人と環境との要因が複雑に影響しあってひきこもりが起きていると理解される（田中，2014：24）。

　この定義に関して，「不登校」と「ひきこもり」との明確な違いは，不登校が定義上年間30日以上の欠席であるのに対して，ひきこもりが半年以上と位置づけられている点にある。

　一般的にひきこもりとは，長期間にわたって人間関係を退いてしまい，他者との関わりを拒絶し，精神的に自分の世界の中にいる状態を指すが，具体的には不登校や出社拒否などの行動を取りながら起こる。大きく以下の四つに分類される。
・精神障害の前駆的症状として起こる場合

・神経症を含む境界例の状態で起こる場合

・対人不安や不信からくる陰性感情が強く起こり，外出が困難になる場合

・その他

　ひきこもりは本人の気質が大きく作用する場合もある。もともと思春期不安という不安定な状態に，「人間関係」「いじめ」「学業不振」「叱咤・激励としての体罰」などの一時的なストレスが加わると，それらが発散されずに蓄積し，自律神経失調状態に陥る。不安・緊張・葛藤（かっとう）・苛立ち・憂鬱（ゆううつ）・自責・不満などの精神症状からホルモンバランスも失調をきたし，長時間睡眠や昼夜逆転の生活を引き起こすこととなる。具体的には，以下の五つが挙げられる。

・精神的な緊張感が続くかと思うと，急に自分の世界に入り込んだように落ち込む。

・何に対して不安なのか，理由や状況が不明確。

・長時間（数か月から数年）続く場合がある。

・急に無気力感に襲われ，その不安から不安発作が起こる。

・外出が困難になり，特別なことがない限りほとんど外へ出ない（牟田，2001：21-22）。

（2）ひきこもりと不登校

　ひきこもりと不登校の関連は大きいと思われる。西村秀明によると，ひきこもりの相談にやってきた人たちの経緯を聞くと，過去にいじめられたことがあるとか，不登校であったというエピソードが多いという。現代のひきこもり現象と，いじめや不登校などといった子どもたちの対社会的空間である学校社会での出来事とは，重要な関連があることがわかる。彼らの生育歴の中で，学校生活における出来事がその後の生き方に決定的な影響を与えることから，いじめや不登校は，その人の生き方に禍根を残してしまうほど深刻なものであることを認識する必要がある（西村，2006：20-21）。

　不登校とひきこもりのきっかけには以下の要因が考えられる。①いじめ，②友人関係での違和感，③転校等，新たな場面での不適応，④先生の叱責や体罰，⑤親子関係，⑥身体症状から動けなくなる，⑦病気で欠席の後，行きにくくなる，⑧なんとなく行けなくなる。

このきっかけをめぐって，親と学校との対立もよく見られる。親の側は学校で起こった問題に原因があると主張し，学校側は子どもの性格や親の養育の誤りを指摘し，両者の溝が深まることが多い。しかし，親と学校の対立が深刻になればなるほど，子どもはさらに引きこもるという悪循環に陥ることとなる（牟田, 2001：128-129）。

（3）ひきこもりの現状

　内閣府は，2023年3月31日，2022年度「こども・若者の意識と生活に関する調査」の結果を公表した。それによると，ひきこもり状態にある人は，15〜39歳で2.05％，40〜64歳で2.02％おり，全国の数字に当てはめると約146万人と推定される。現在の外出状況になってからの期間は，15〜39歳は「6ヶ月〜1年未満」21.5％，40〜69歳は「2年〜3年未満」21.9％がもっとも多かった。また現在の外出状況になった理由は，15〜39歳では「退職したこと」21.5％，「人間関係がうまくいかなかったこと」20.8％，「中学校時代の不登校」18.1％，「新型コロナウイルス感染症の流行」18.1％，「学校になじめなかったこと」12.5％等が上位となった。

（4）厚生労働省の施策

　厚生労働省は現在，「ひきこもり支援事業」を推進している。具体的には，ひきこもりに特化した専門的な相談窓口として，都道府県及び指定都市に「ひきこもり地域支援センター」の整備を進め，平成30年4月までに全ての都道府県及び指定都市（67自治体）に設置している。令和4年度からは，より住民に身近なところで相談ができ，支援が受けられる環境づくりを目指して，「ひきこもり地域支援センター」の設置主体を市町村に拡充した（令和4年度18自治体）。そして新たな設置として，ひきこもり支援の核となる，相談支援・居場所づくり・ネットワークづくりを一体的に実施する「ひきこもり支援ステーション事業」（令和4年度87自治体）を開始した。また，ひきこもり支援の導入として，8つのメニュー（相談支援，居場所づくり，連絡協議会・ネットワークづくり，当事者会・家族会開催事業，住民向け講演会・研修会開催事業，サポーター派遣・養成事業，民間団体との連携事業・実態把握調査事業）から任意に選択し実施する「ひ

きこもりサポート事業」（令和4年度85自治体）による取組も開始した。さらに都道府県が市町村をバックアップする機能の強化として，市町村と連携した，ひきこもり地域支援センターのサテライト設置と小規模市町村等に対して財政支援と支援手法の継承を行う事業も創設し，都道府県の圏域内どこでも支援が受けられるよう平準化を図りながら，市町村のひきこもり支援体制の整備を促進していくこととした（厚生労働省「ひきこもり支援推進事業」https://www.mhlw.go.jp/stf/seisakunitsuite/bunya/hukushi_kaigo/seikatsuhogo/hikikomori/）。また，厚生労働省は，ひきこもり状態にある人々や，その家族を支援するための初の「マニュアル」を2024年をめどに策定予定である。

　具体的な対策に関しては，個人差，置かれている環境など個々のケースで対応が変わってくる。家族の中にひきこもりの人が出てきた場合，それまでの家族との関係や，本人との接し方，家族全体の考え方等，あらゆるものを見直す必要が出てくる。そして家族の中だけで抱え込まないで，行政や医療機関等関係機関と連携を取り，対応していくことが重要である。

3　少年非行と矯正教育

（1）少年非行とは
　少年非行の主な定義は少年法（第3条第1項）に規定されており，以下の3つが該当する。
① 　14歳（刑事責任年齢）以上20歳未満の少年による犯罪行為。
② 　14歳未満の少年による触法行為（刑罰法令に触れるが，刑事責任に達しないため刑事責任を問われない行為をいう）。
③ 　20歳未満の少年のぐ犯。以下に示す4つのうちのいずれかの事由があって，その性格または環境に照らして，将来，罪を犯し，または刑罰法令に触れる行為をするおそれがあると認められる行状。
・保護者の正当な監督に服しない性癖のあること。
・正当の理由なく家庭に寄り付かないこと。
・犯罪性のある人もしくは不道徳な人と交際し，またはいかがわしい場所に出入りすること。

・自己または他人の特性を害する行為をする性癖のあること。

　少年法では，上記の①〜③の行為・行状のある少年をそれぞれ，犯罪少年，触法少年，ぐ犯少年と規定しており，この３つの総称が非行少年である。

　また，少年法に規定されたこうした非行に加えて，警察では，非行（上記の①〜③）に至る前段階の行為として喫煙，深夜徘徊，家出，怠学等を不良行為と呼んで，街頭での補導などの補導活動の対象としており，このような行為も広い意味で少年非行に含まれると一般的には理解されている。さらに，学校で行われる暴力行為，いじめなどの生徒指導上の問題行動や，家庭内暴力も広く少年非行に含まれるものと理解されており，少年非行に関わる官庁統計でもその動向が記載されている（小林，2008：2-3）。

（2）少年非行の具体的な内容と内訳

　少年非行には，窃盗，占有離脱物横領罪（放置自転車が主なので，最近では遺失物等横領とされている），詐欺，強盗，恐喝及び傷害，殺人，放火，いじめ，性的非行，暴走行為，交通犯罪（道路交通法違反等），薬物犯罪，銃刀法違反などがある（横山実「最近激減している少年非行（1）」https://www2.kokugakuin.ac.jp/zyokoym/Change%20in%20Juve.html）。

（3）少年非行の動向（戦後の四つの波）

　戦後の少年非行には，第１波（昭和26年／検挙人員約17万人），第２波（昭和39年／24万人），第３波（昭和58年／32万人）に続き，平成15（2003）年に第４波（検挙人員30万人）という四つの波があった。平成16（2004）年以降は減少しており，ここ数年は毎年，検挙人員最少を記録している（嶋崎，2019：31）。

　最近の少年非行に関しては，より凶悪・粗暴な犯罪の検挙人員が増加している。平成12年に検挙された刑法犯少年は13万2,336人で前年に比べ，9,385人減少したが，殺人，強盗，強姦及び放火の凶悪犯の検挙人員は2,120人で，前年と比較して117人減少したものの，平成９年以降４年連続して2,000人を超えている。さらに，社会を震撼させる重大な少年犯罪が相次いでいる等，少年非行の凶悪化・粗暴化は極めて憂慮すべき現状にある（内閣府「平成15年版青少年白書」https://www8.cao.go.jp/youth/whitepaper/h15zenbun/html/ref/rf032000.html）。

（4）少年非行の背景と主な原因

　最近の少年非行は，少年が自分の居場所を見出せずに，孤立し，疎外感を感じていることが背景にあると考えられている。少年非行の具体的な原因は大きく分けると4つに分類される。

① 　少年自身の問題

・子ども自身の特性，自分が周囲と異なる存在という感覚，心理的な未成熟，享楽傾向など

② 　学校の問題

・教師の権威性の低下，学校の享受感の低下

③ 　家庭の問題

・親の適切なケアやしつけの欠如（育児放棄，過干渉，ゆるいしつけ，放任，溺愛），家庭崩壊，親との離別（アルコール依存，家庭内暴力，反社会的行為，不仲，離別）

④ 　地域社会の問題

・隣近所との関係が希薄，インターネットにより過多の情報に触れられる環境，逸脱した友人たちとの交流，社会全体の規範意識の低下（小林，2008：20-25）

（5）少年非行への対策や取り組み

① 　家庭内でできること

・本人と接する時間を増やす，暴力は決して許さない姿勢，安定した家庭環境を築く，家族が常識や社会のルールをしっかりと守る

② 　子どもの周辺環境を整える

・インターネットの利用制限を適切に利用する，地域のイベントやボランティア活動に参加しつながりを作る

③ 　家庭内や一人だけで問題を抱え込まない

・身近な人や親戚に相談する，行政機関に相談する，専門家に相談する（コノミライ https://konomirai.com/cause-of-delinquency/）

　またさまざまな支援をする中で，非行少年が変容し大きく成長するタイミングがあるという。具体的には，①家族のありがたみ，苦しみを知った，②被害者に視点に立てた，③将来の目標が決まった，④信用できる人に出会えた，⑤

人と話す自信がついた，⑥勉強ができた，⑦大切な役割を任された（認めてもらった），⑧物事に集中できるようになった，⑨最後まで諦めずにやろうと思った，⑩集団生活の中で自分の姿に気づいた。これらに共通するのは少年自身の「自己評価が上がること」と「さまざまな気づきがあること」の2点である。支援する側はこのような視点に立って継続的に支援していくことが大切である（宮口，2017：70-73）。

（6）矯正教育について

　少年法における保護処分の中には「少年院への送致」がある。その少年院で行われる教育の中心となるのが「矯正教育」と「社会復帰支援」である。矯正教育を行う上で，関わる人々との信頼感の醸成が非常に重要である。その上で，少年院での矯正教育の目的は，以下の少年院法第23条に示されている。

　　　第23条　矯正教育は，在院者の犯罪的傾向を矯正し，並びに在院者に対し，健全な心身を培わせ，社会生活に適応するのに必要な知識及び能力を習得させることを目的とする。

　ここからもわかるように，矯正教育の目的は，犯罪傾向を矯正すること，社会生活に適応するのに必要な知識と能力を習得させることとなっている（心理学・心理職ネットワーク「少年院の目的・種類・矯正教育・社会復帰支援」https://cp-info.net/purpose-of-juvenile-training-school/）。この目的を達成するために以下の5つの指導が行われる。
・生活指導：自立した生活を営むための知識・生活態度の習得，集団行動を学ぶ
・職業指導：勤労意欲の喚起，職業上有効な技能の習得
・教科指導：基礎学力の向上，義務教育，高校卒業程度認定試験受験指導
・体育指導：基礎体力の向上
・特別活動指導：社会貢献活動，野外活動，音楽の実施
　矯正教育を通じて，他者との信頼関係構築の仕方や自立に向けての具体的な方法を知り，犯罪や非行から離脱し，自己肯定感をもって社会に復帰すること

が一番の目的となる。

4　子どもの虐待

（1）子ども虐待の定義

　2000年に制定された「児童虐待の防止等に関する法律（以下，児童虐待防止法）」第2条では，その後の改正を経て，虐待に当たる行為を4つに分けて示している。

① 身体的虐待

　児童の身体に外傷が生じ，又は生じるおそれのある暴行を加えること（叩く，蹴る，殴る，タバコの火を押し付ける，などの外傷が生じる行為を加えること）。

② 性的虐待

　児童にわいせつな行為をすること又は児童をしてわいせつな行為をさせること（子どもに性的な行為をすること，子どもの前で見せる行為も含まれる）。

③ ネグレクト・育児放棄

　児童の心身の正常な発達を妨げるような著しい減食又は長時間の放置，保護者以外の同居人による前2号又は次号に掲げる行為と同様の行為の放置その他の保護者としての監護を著しく怠ること（食事を与えない，衛生面のケアをしない，室内外への放置，遺棄，学校に行かせない，無視，拒否など。同居人による虐待を，保護者が見て見ぬふりをすることも虐待行為に含まれる）。

④ 心理的虐待

　児童に対する著しい暴言又は著しく拒絶的な対応，児童が同居する家庭における配偶者に対する暴力（中略）その他の児童に著しい心理的外傷を与える言動を行うこと（言葉による暴力，自尊心を傷つける言動，DVを子どもが見ることも含まれる）。

　上記の虐待行為が，単一で行われる場合や複数の行為が重複する場合がある。また2016年の児童福祉法改正に伴い，児童虐待防止法第14条において，しつけを名目とした子ども虐待の禁止が明記された。つまり，たとえしつけのために行った行為（懲戒）であっても，その行為が子どもの監護や教育に必要な範囲を超えている場合は虐待とみなされるのである（上原，2019：168）。

ここで注意する点は，学校の教員による子どもへの体罰やベビーシッターの
わいせつ行為は，「（児童）虐待」とは呼ばないことである。児童虐待防止法は
第2条で，「児童虐待」とは，保護者がその監護する児童について行う次に掲
げる行為をいうと定めている。つまり当該子どもの「保護者」以外による行為
は，どれだけ虐待的な行為であっても法律上は児童虐待の範疇に含まれないと
いうことである（認定NPO法人3keys「白書　日本の子どもたちの今」https://3keys.
jp/issue/a01/）。
　虐待を判断する際の注意点として，①子どもを養育している大人という権力
構造が背景にある。②その行為は，子どもが心身ともに安全で健やかに育つ権
利を侵害している，子どもにとって有害である。③子どもへのしつけなどの保
護者の意図は考慮されない，ということが挙げられる（渡辺，2007：21）。

（2）子ども虐待の現状

　厚生労働省によると，2016年度の「児童虐待相談対応件数」は，12万2,575
件と報告されている（上原，2019：168）。2020年度の速報ベースで，全国215ヶ
所の児童相談所が児童虐待相談として対応した件数は，20万5,029件であった。
前年度比で5.8％増，20年前に比べて11.5倍以上になっている。特に近年は高
い増加率で推移している。これとは別に，全国の市町村にあった児童虐待の相
談件数は，2018年度で12万8,816件であった。児童相談所に比べると少ないが，
件数自体は同様に増え続けている。これらの結果を見ると，少なくとも年間で
児童相談所と全国の市区町村にそれぞれ10万件を超える虐待の相談が寄せられ
ているのが日本の現状である。
　2020年度，児童相談所に寄せられた20万件以上の相談の内訳をみると，心理
的虐待が59％で過半を占めている。ついで身体的虐待が24％，ネグレクトが
15％で，性的虐待は1％であった。最近の傾向として，以前多かった身体的虐
待やネグレクトから，心理的虐待へと移ってきている。また性的虐待を除くい
ずれの類型も，実数としては増えている。性的虐待の発見・相談件数は以前よ
りほとんど増えておらず横ばいの状況で，性的虐待の声のあげづらさはさまざ
まな専門家より問題視されている（認定NPO法人3keys「白書　日本の子どもた
ちの今」https://3keys.jp/issue/a01/）。

（3）子ども虐待の発生要因

　虐待の発生する背景には，虐待を引き起こしやすい要因が存在すると言われている。以下，主に6つの要因が挙げられる。①親の心の問題：親自身の被虐待経験が関係している。②家庭の社会経済的要因：経済的困難，失業，夫婦不和など。③周囲からの孤立。④子ども側の要因：よく泣きなだめにくい，過敏など育てにくい気質や行動特徴をもつ子ども，発達障害など。⑤親とその子どもとの関係：身体的虐待や心理的虐待では，しばしば特定の子どもが対象となり，他の兄弟に対しては「かわいい」「同じことをしても叱れない」などということがあり，このことは親とその子との関係が問題となってくる。⑥親の怒りを引き出す，「その時の状況」おもらしをする，ぐずる，泣き止まないなど（髙橋・庄司，2002：6～7）。

（4）虐待が子どもに及ぼす影響

　虐待が子どもに及ぼす影響は主に次の3つがある。①身体面への影響，②心理面への影響，③行動面への影響。

　まずは身体の傷を思い浮かべるが，虐待は身体のみならず，子どものさまざまな面に極めて深刻な影響をもたらす。目に見える体の傷をみると，身体的虐待の激しさや悲惨さがすぐに想像できる。そのため，身体的虐待は深刻に受け止められる。しかし，心に及ぼす影響は，身体的虐待のみならず他の虐待も深刻であり，実際ネグレクトや性的虐待を受けた子どもの示す症状や問題は計り知れない。虐待と心との結びつきは目に見えにくく複雑である。それゆえにこの複雑な関係を理解していくことが子どもたちの援助には必要となる（増沢，2009：34-35）。

（5）虐待の発見・対応

　子ども虐待は，最悪の場合，死に至ることもある。それゆえに，まずは虐待の早期発見と通告が不可欠となる。2004年の児童虐待防止法改正において，通告の対象を「児童虐待を受けたと思われる児童」へと拡大した。虐待の断定がなくても，疑いがある時点で通告する義務が生じた（上原，2019：169）。

　虐待が疑われるケースを発見した場合，主に児童相談所または自治体の窓口

に連絡することとなる。厚生労働省は虐待が疑われるケース専用の相談窓口として，専用ダイヤル「189（いちはやく）」を設置している。189がつながる先は地域の児童相談所である。虐待に関しては，情報の集まる窓口として，児童相談所は重要な役割を担っている。児童相談所は，子どもの健やかな成長のために，保護者や子ども本人などからの相談をうけ，サポートする機関である。2021年4月1日現在，全国に225ヶ所設置されている。児童相談所は，虐待だけではなく，子どもの非行や障害など幅広い相談に応じている（認定NPO法人3keys「白書　日本の子どもたちの今」https://3keys.jp/issue/a01/）。虐待通告を受けた際，児童相談所は48時間以内に被虐待児と直接会って状況を確認し，緊急性が高い場合は一時保護を行うこととなっている。

5　格差と貧困

（1）格差について

　格差とは，一般的に同類のものの間における程度（価値，水準，格付け等）の差や違いのことをいう。世界的にみると格差には経済，男女，教育，食料，健康などさまざまな格差が存在している。格差は，自然に発生したものではなく，経済や政治など社会のしくみや人々の価値観によって形成されたものがほとんどであり，人がつくったものだからこそ，人の手で改善することができるものである。社会の中で格差が広がると，人々がお互いに理解し合えなくなり，結果的に「分断」や「対立」につながる。それらがさらに政治や経済に影響を及ぼしたり，人々の個人生活をおびやかす原因にもなるのである（山田，2023：12-26）。

（2）日本の教育格差

　日本の教育格差については，親の所得の格差が子どもの教育格差につながっている。親の年収が400万円以下の家庭と1000万円超の家庭では，4年制大学への進学率が倍近くの違いがある。また学歴の格差は，生涯に得られる賃金にも大きく影響する。例えば同じ正社員でも大学・大学院卒と比べると，男女ともに中卒は約7000万円，高卒では約6000万円もの差が出るというデータもある。

日本には育った地域の格差というものもある。都道府県別の大学進学率をみると，大都市圏のほうが高い傾向にある。この要因としては，地域による経済格差や大都市圏のほうが大学が多いために通いやすいことなどが原因と考えられている。また，男女における教育格差も残っている。この背景には女性は将来，仕事より家事・育児を優先すべきといった考え方や，女子は高学歴でなくてよいといった価値観がいまだに残っていることが考えられる（同：68-71）。

（3）日本の教育格差をなくす取り組み

・就学援助制度：小・中学校の児童・生徒の入学時や学校生活で必要な品物をそろえることが経済的に困難な家庭に対して，各自治体から援助費が支給される（一部の自治体を除く）。主に生活保護や児童扶養手当を受給している世帯が対象。

・高校の授業料の実質無償化：返済不要の授業料支援である「高等学校等就学支援金」の制度が2020年4月に改正され，目安として世帯年収590万円未満の世帯への上限額が引き上げられた。これにより，授業料に対して最大39万6000円が支給されるため，公立や私立の高校の授業料も実質無償化された。世帯年収による所得制限がある。

・大学の学費の実質無償化：大学や短大，高等専門学校，専門学校の入学金・授業料の減免と返済の必要のない給付型の奨学金の支給により，授業料を実質無償化する「高等教育の修学支援新制度」が2020年4月から始まった。親の所得や高校あるいは入試時・大学在学中の成績など，決められた要件を満たした生徒が申請できる。2021年度は約32万人が利用した。

・学校外教育バウチャー：塾など学校外教育に使用目的を限定したクーポン（バウチャー）を経済的に困難な世帯に提供する取り組みである。公益社団法人のチャンス・フォー・チルドレンが行っている活動。

・民間の学習支援：認定NPO法人キッズドアでは，困窮家庭の小学生から高校生，高校を中退した若者を対象にさまざまな無料学習会を東京とその近郊，及び宮城で開催している。また勉強とともに食事等の生活支援も行う「居場所型学習会」も開いている（同：72-73）。

（4）貧困について

　日本では，特に2008（平成20）年頃から，子どもたちが直面する生活困窮の現状や，貧困による不利の連鎖の問題に注目が集まるようになった。最近では，新聞やテレビなどでも「子どもの貧困」という言葉が頻繁に用いられることもあり，世間的にも広く認知されるようになってきている。

　大西良によると，貧困には主に二種類存在するという。それは「絶対的貧困」と「相対的貧困」という。「絶対的貧困」とは，生存するために必要な栄養や食事，衣服などを満足に得ることができず，生きることさえもままならない状態のことをいう。生存するために必要な栄養や衣服といった生物学的見地からとらえた貧困の状態を意味するもので，「生存貧困」とも呼ばれている。「相対的貧困」とは，経済的な理由でその国もしくは社会の大多数の人が享受している普通の生活を送ることができない状態をいう。ここでいう普通の生活とは，食べ物や衣服の充足はもちろんのこと，スポーツやレクリエーション（余暇活動）への参加，友人との交際といった機会も含まれる。

　「絶対的貧困」は視覚的に困窮の状態であることが理解しやすいが，「相対的貧困」はその状態が貧困かどうかがはっきりせず，明確にはわからないことも多く，そのため，貧困は見えない，見えにくいと言われている（大西，2018：2-4）。

　厚生労働省が2020年に公表した報告書によると，日本の子ども（17歳以下）の相対的貧困率は13.5％（2018年）であった。これは，日本の子どもの約7人に1人が相対的貧困状態にあることを示している。2014年のOECDのまとめでも，日本の子どもの貧困率は，先進国34ヶ国中10番目に高い数字であった（公益社団法人チャンス・フォー・チルドレン「子どもの貧困と教育格差」https://cfc.or.jp/problem/）。

　子どもがいる現役世帯のうち，大人が1人である世帯（ひとり親世帯）の貧困率は約5割となっており，他の世帯よりも突出して高くなっている。ひとり親世帯の親の約80％は就業しており，働いているのに貧困状態から抜け出せない状況におかれていることが類推されている。この背景には，日本の社会保障システム，男女間での雇用格差，雇用状態による賃金格差，養育費の徴収の方法の問題などさまざなな要因が考えられる（大西，2018：18-19）。

（5）家庭の経済格差と子どもの学力格差・教育格差

　2013年度の全国学力テストの結果によると，世帯収入の多寡で学力テストの正答率に約20％の開きが生じていたという。世帯収入の低い家庭は子どもにかけられる学校外教育費が少なく，その子どもは学力テストの正答率が低い傾向にあることがわかった。このことから，家庭の経済格差が学力格差を生んでいる（公益社団法人チャンス・フォー・チルドレン「子どもの貧困と教育格差」https://cfc.or.jp/problem/）。

（6）日本の教育格差と学校外教育との関連

　文部科学省の「平成26年度子供の学習費調査」によると，家庭が自己負担する教育支出（学習費）のうち，約6〜7割が学校外教育費（塾や習い事などの費用）であることが明らかになっている。このことから，日本では，経済格差により教育格差は，学校外教育で生まれやすくなっている。

（7）貧困の世代間連鎖

　親の経済的貧困は，子どもから学習の機会やさまざまな体験活動の機会を奪うことにつながる。教育機会に恵まれなかったことで，低学力・低学歴になってしまった子どもは，就労の際に，所得の低い職業につかざるを得なくなり，さらには彼らの下の世代にも貧困が連鎖するおそれが出てくる（図9-1）。

（8）貧困に対する対策

　日本で行われている主な貧困対策には教育支援，経済支援，生活支援，就労支援といった4つの支援が主な柱となっている。また民間でも寄付で支援をしたり，子ども食堂を開くなどさまざまな活動が行われている。2014年には，「子どもの貧困対策の推進に関する法律」が成立し，「教育の支援」「保護者の就労の支援」「生活の支援」「経済的な支援」の4つの柱を中心に，国を挙げて子どもの貧困対策を進めている（ベネッセ教育総合研究所「ベネッセ教育情報」https://benesse.jp/sdgs/article23.html#:~:text=）。

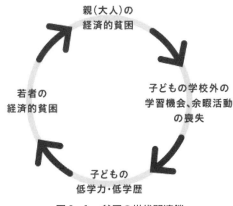

図9-1　貧困の世代間連鎖

出所：公益社団法人チャンス・フォー・チルドレン『子ど
もの貧困と教育格差』https://cfc.or.jp/problem/
（2024年1月18日閲覧）

6　ヤングケアラー

（1）ヤングケアラーとは

　ヤングケアラーとは，「家族のケアを担う子どもたち」のことである。ケア
ラーとは「ケアをする人」の意味で，それが「ヤングである」ということなの
で，直訳すると「若いケアをする人」になる。日本には正式な定義はまだない。
よく示されるものに日本ケアラー連盟の定義がある。そこには，「家族にケア
を要する人がいる場合に，大人が担うようなケアの責任を引き受け，家事や家
族の世話，介護，感情面のサポートなどを行っている，18歳未満の子ども」と
されている。

　これをみてもわかるように，ケアとは身体的な介護だけではなく，広い範囲
を含んでいる。また，年齢が18歳未満とあるが，これは国によっても異なり，
イギリスでは18歳未満をヤングケアラー，18歳以上をヤング・アダルト・ケア
ラーと呼ぶ。またオーストラリアでは25歳までがヤングケアラーとされている。
日本においても，20代までを射程に入れて支援体制を検討している神戸市，尼
崎市などの自治体が存在している（濱島，2021）。

（2）ヤングケアラーの具体的内容

・障がいや病気のある家族に代わり，買い物・料理・掃除・洗濯などの家事を
　している。

・家族に代わり，幼いきょうだいの世話をしている。

・障がいや病気のあるきょうだいの世話や見守りをしている。

・目を離せない家族の見守りや声掛けなどの気づかいをしている。

・日本語が第一言語ではない家族や障がいのある家族のために通訳をしている。

・家計を支えるために労働をして，障がいや病気のある家族を助けている。

・アルコール・薬物・ギャンブル問題を抱える家族を助けている。

・がん・難病・精神疾患など慢性的な病気の家族の看病をしている。

・障がいや病気のある家族の身の回りの世話をしている。

・障がいや病気のある家族の入浴やトイレの介助をしている（社会福祉法人奉優
　会居宅事業部，2022：20）。

（3）ヤングケアラーの現状

　2018年度から厚生労働省の補助事業による調査研究が行われ，2020年度調査
の結果，中高生の20人に1人がヤングケアラーに該当することが示された（山
本，2021）。複数のヤングケアラーに関する調査によると，ヤングケアラーのケ
アの相手としては，祖母が多く，次いで母または祖父である。それぞれの状態
については，祖父母や父は病気がある，身体障害や身体的機能の低下が多かっ
た。また，母も病気であることがあげられているが，特徴的な点は精神疾患，
精神障害がある，精神的不安定が多いことである。また兄弟の場合はなんらか
の障害を有しているケースが多くみられる。

　ケアの内容としては家事が最も多い。その他感情面のサポートや外出時の介
助，お見舞いなどが挙げられている。また身体的な介助や医療的ケアも多くは
ないが挙げられている。ケアの頻度は毎日が最も多く，週に4，5日と合わせ
ると，ほぼ毎日のようにケアをしている者が半数近くになった。ケアの時間は
1時間未満が最も多く，学校のある日で4割，学校のない日で3割程度となっ
ている。大阪府の調査ではケアの期間をアンケートしており，約4割が少なく
とも小学校の頃からケアを担っており，ケアの長期化が問題となっている（濱

島，2021）。

（4）ヤングケアラーの問題点

① 学校生活への影響

遅刻，欠席が増える，忘れ物が目立つ，成績不振である，課外活動に参加できない等が指摘されている。さらに，家で落ち着いて勉強できる状態にない，学校に行くと常に寝てしまう，授業に集中できない等。

② 友人関係への影響

友人と過ごせない，同級生との関係を築くことが難しい，時間的余裕がなく登校できず，友人関係をつくれない等。

③ 健康上の問題

精神的に不安定になった，摂食障害，パニック障害になった，主観的健康感や生活満足度が低い，リラックスできない，体がだるい，眠れない等。

④ その他

食生活に関して，栄養面が思わしくない，衛生面でも自身の身体や衣服，住居等を清潔に保つことが難しい等（濱島，2021：14-15）。

（5）ヤングケアラーへの支援

ヤングケアラーが1人で諸問題を抱え込まないことが大切である。主な支援機関には，都道府県や市区町村などの行政機関，学校（スクールソーシャルワーカー等），社会福祉協議会，介護サービス事業者，地域包括支援センター，民間団体（NPO等），民生委員や児童委員，病院関係（医療ソーシャルワーカー等），当事者グループ等がある（濱島，2022：58-85）。

（6）事例——兵庫県神戸市の取り組み

2019年10月，幼稚園教諭だった20歳代の女性が認知症のある90歳の祖母を殺害する事件が発生した。公判では，複雑な家庭環境から頼れる相手がおらず，1人で介護を続け，孤立を深めていった背景が明かされた。

2021年3月「神戸市子ども・若者ケアラー支援マニュアル」を策定。本来大人が担うと想定されるような家事や家族の世話などを日常的に行っている子ど

も「ヤングケアラー」への支援施策について，神戸市では18歳未満の児童だけではなく，20歳代の人も含めて施策の対象としていることから「子ども・若者ケアラー」と定めた。

　対応機関は18歳未満の場合は各区役所の子ども家庭支援室が担当し，ヤングケアラーと思われる小学生・中学生に対しては，家庭以外の居場所として，子ども食堂や学習支援の場などとつながることができるよう支援している。

　18歳以上の場合は神戸市立総合福祉センターにある「子ども・若者ケアラー相談・支援窓口」としている。相談は電話，来所，メールで受け付け，関係機関の専門職などが集まって支援のための会議を行う。公的な福祉サービスを受けることで負担が減るように，家庭の了承を得てサービス利用の手続きを進めている。

　またヤングケアラーが集い，交流や情報交換ができる場として，月に一度「ふぅのひろば」を開催している。運営は市からの委託を受けたNPO法人が行っている。窓口相談につながりにくいヤングケアラーでも，参加しやすい場を作るのが目的である（社会福祉法人奉優会居宅事業部，2022：35。濱島，2022：65）。

参考・引用文献
濱島淑惠（2021）「ヤングケアラー（家族のケアを担う子どもたち）──現状とその背景」佐川良江編著『月間福祉』全国社会福祉協議会。
濱島淑惠監修（2022）『ヤングケアラー──考えよう，だれも取りのこさない社会』。
小林寿一（2008）「少年非行の定義と動向」小林寿一編著『少年非行の行動科学』北大路書房。
前島康男（2020）『登校拒否・ひきこもりからの出発』東京電機大学出版局。
増沢高（2009）『虐待を受けた子どもの回復と育ちを支える援助』福村出版。
水野信義（2016）「不登校問題が映し出すもの」メンタルフレンド東海編著『不登校児を支えるメンタルフレンド活動』黎明書房，118-121頁。
宮口幸治（2017）『教室の困っている発達障害をもつ子どもの理解と認知的アプローチ』明石書店，70-73頁。
牟田武生（2001）『ひきこもり／不登校の処方箋』オクムラ書店。
西村秀明（2006）「ひききもりの心性」西村秀明編著『ひきこもりの心理と援助』教育史料出版会，20-21頁。
野村武司（2015）「いじめとは何か」日本弁護士連合会子どもの権利委員会編著『子どものいじめ問題ハンドブック──発見・対応から予防まで』明石書店，15頁。

大西良編著（2018）『貧困のなかにいる子どものソーシャルワーク』中央法規出版。

嶋崎政男（2019）『図説・例解　生徒指導史』学事出版。

社会福祉法人奉優会居宅事業部編著（2022）『子どもの想いを地域で支えるヤングケアラー支援ガイドブック』メディア・ケアプラス。

庄司順一（2002）「子ども虐待の理解」髙橋重宏・庄司順一編著『子ども虐待』中央法規出版。

田中敦（2014）『苦労を分かち合い希望を見出すひきこもり支援』学苑社，24頁。

上原真幸（2019）「虐待を受けている子どもへの支援」吉田幸恵・山縣文治編著『新版　よくわかる子ども家庭福祉』ミネルヴァ書房，168-169頁。

山田昌弘監修（2023）『何が問題？　格差のはなし』学研。

山本奬（2018）「いじめへの対応」山本奬・大谷哲弘・小関俊佑『いじめ問題解決ハンドブック』金子書房，90-118頁。

山本たつ子（2021）「特集の視点」佐川良江編著『月間福祉』全国社会福祉協議会。

渡辺隆（2007）『子ども虐待と発達障害』東洋館出版社。

（加藤惣一郎）

第10章

家庭と地域の教育

1　家庭の教育的機能とその変遷

（1）「養育機能＝定位家族」と「生殖機能＝生殖家族」

「養育機能」とは，生まれてきた子どもが最初に基礎的な人間形成を受け，社会的な存在に向かって基本的な方向づけを与えられる機能である。子どもとして方向づけられるという意味で，その家族のことを「定位家族」（family of orientation）と呼称し，子どもとして所属する「子の側面」に注目した家族概念のことである。これは，子として生まれ育てられる家族であり，この関係のなかで子どもは，社会的な存在としての基本的な方向づけがなされる。この家族は，父親・母親・兄弟・姉妹という構成からなる家族である。

他方，「生殖機能」とは，産んで育てる機能であり，婚姻関係を通じて子どもを養育する側に回る機能である。その家族のことを，「生殖家族」（family of procreation）と呼称し，子どもを社会に送り出す「親の側面」に注目した家族概念である。「生殖家族」は，「定位家族」で育てられた子どもが成人して，結婚によって子を産み養育する側に回る家族のことであり，夫・妻・子どもという構成からなる家族のことである（山﨑，1999：51）。

「生まれて育つ家族」としての「出生家族」から，「産んで育てる家族」としての「形成家族」への変化はあるものの，人間は原則的に生涯を通じて「家庭」を離れることはない。子どもには親や家庭，そしてそれを取り巻く環境すら選ぶ権利は与えられていないので，なおさら親の子どもへの関わり方が，その子どもの人間形成に重要な要素となってくる。

175

（2）家庭の教育的機能の変遷

　近代以前の家庭は自給自足であったが，産業化が進み，社会的分業が高度化していくと，家庭の機能は家庭の外に委譲されるようになる。その結果，家庭が本来保持していた教育的機能が少なくなってきた経緯がある。現代の家庭の教育機能としては，子どもの基礎的な「社会化」をいかに身に付けさせるかが重要な機能となっている（萩原，2014：228）。

　わが国では戦後，家庭・家族の在り方が大きく変化した。産業社会の進展と産業構造の変化によって，家庭・家族の機能が著しく縮小した。元来，「家族」は生産・宗教・政治・教育など多面的な機能を有していたが，近代産業社会への移行によって，家庭生活はその多面的な厚みを喪失し，生活のリアリティーも希薄なものになりさがってしまった。

　特に昭和60年代の高度経済成長期に，第一次産業（農・林・水産業など直接自然に働きかけるもの）が衰退するなかで，第二次産業（鉱業・製造業・建設業など）・第三次産業（商業・運輸通信業・サービス業など）が急速に高まることによって，家庭から生産労働が消え，職場と住居の分離が進み，家庭はもっぱら消費と休息の場になってしまった。さらに家族の規模も縮小し，核家族と少子化が進行するなかで，現代の家族は社会的に最も弱い存在になってしまった。

　「核家族」においては一般に，父親は家族の外で収入を得るために家に不在がちになり，子育ては母親まかせになりやすい。その結果，いやおうなく「母子関係」が強化され，過保護・過干渉が生じてくる。戦後の家族制度の改革によって，父親の権威を絶対とする家長制度が廃止され，家族の在り方が根本的に変貌した。家長に統率される家族に代わって，同等の権利を有する新しい家族形態が出現した。その結果，家庭内での父親の権威は低下し，さらに父親不在の現象と相まって，父親の役割が子どもたちにとって見えにくいものとなってしまった。

（3）子育てする父親の不在状況からの脱却

　日本では，近年において父親の子育ての参加が増加し始めているものの，しかし実際には，まだ母親が子育ての中心的役割を担っている。スウェーデンでは，父母両方で育児する割合がきわめて高いが，日本ではかなり少ない。その

ため今後，父親の育児休暇がとれるような労働環境の改善等が求められる。その意味でも，家庭・学校・地域が相互に連携して，支援し合える子育てシステムの構築が焦眉の課題と言えるだろう（萩原，2014：231）。

（4）現代家族の少子化傾向

　1989（平成元）年，いわゆる「1.57ショック」という流行語が生まれた。これは一人の女性が一生のうちで出産する子ども数（合計特殊出生率）が1.57人と，過去最低の数字になったことに由来する。1997（平成9）年には1.39人とさらに低下し，2021（令和3）年では，1.30人という驚くべき少ない数字に変化している。こうした現代家族の少子化傾向は，ますます顕著なものになってきている（山﨑，1999：52）。

　高度経済成長以降，日本では，物質的にも経済的にも豊かになり，その結果として，家庭では恵まれた生育環境が用意されるようになった。しかしこのことは逆に少ない子どもに対して親が関わることで，皮肉なことに過保護，過干渉を生み出した。その結果として子どもの自立を妨げることにつながりやすい傾向を生み出した。こうした特徴を俯瞰すると，現代の家族は豊かな人間性を育む土壌が蝕まれていると明確に言えるだろう（山﨑，1999：54）。

2　教育の場としての家庭

（1）家庭における道徳教育

　道徳性の発達というものは，子どもの個々の意識内の現象ではなく，子どもを取り巻く環境の交渉を通じて発達するものである。したがって，子ども各人を取り巻く周囲の人びとや環境が重要な意味をもってくる。それゆえ子どもに密着した「家庭」という場における道徳教育はきわめて子どもに強い影響を与えることになるのである。

　学校教育が普及した今日でも，教育の場としての「家庭」が教育の根本であることはだれもが否定しない事実であろう。子どもの問題の多くは，その背後に必ずといってよいほど家庭の問題がある。いかに学校で教師たちがその子どもの問題解決に取り組んでも，家庭の協力がなければ解決できない場合が多い。

しかし多くの親たちは，ややもすると「良い学校」に入学しさえすれば，それだけで子どもは立派に育つと考えがちである。幼稚園から大学まで過ごす学校教育の年数は人生の約4分の1に相当するものの，しかしこの学校教育の背後には，つねに「家庭の力」が作用していることを忘れてはならないだろう。

（2）良い家庭教育の条件

　家庭は教育の根本となる場であるだけに，親子の関係にひびが入ると，その及ぼす悪影響は計り知れない。たとえば，一人っ子などの家庭にしばしばみられる盲目的な溺愛・過保護の状態などは，その子どもの性格形成に暗い影を落とすことになりやすい。しかし逆に，あまりに厳しいしつけもその子どもの健全な成長の障害となる。たとえ経済的には恵まれていたとしても，夫婦や親子間にいつも摩擦が生じる家庭は，良い道徳教育が施されているとは言いがたい。家庭内の人びとの精神的状態が安定しており，親の意識的・無意識的な教育やしつけが正しく子どもの上に作用する家庭こそが，良い家庭の第一条件といえよう。そのような家庭にあっては，夫婦が互いにその人格を認め合い，人生に対して子どもの養育にあたることを日常的な習慣としているはずである。

（3）家庭での道徳教育のこつ

　家庭でおこなわれる道徳教育は学校教育とどのような点で異なっているのだろうか。それは学校の道徳教育と比較して，組織的・体系的な面が欠けているという点であろう。その代わりに家庭では，親の言動・考え方・感情・性格・生活態度などが意識的・無意識的に子どもに提示され，それらが強く影響してゆく。それゆえ，実質の伴わない道徳的指示を子どもに押し付けても，それはいたずらに子どもに不信の念を抱かせるだけなので，親は自ら良い手本を日常生活で実践していなければならない。

　それでは，家庭における道徳教育のこつとはいかなるものであろうか。すなわち，親は子どもに対して教師である前に，人間であることを求められる。親は意図的に子どもに教育する前に，自らの生活態度を正しく実践して良い手本となるように努めるべきである。なぜなら，家庭教育は四六時中，繰り返して子どもと対面するからである。ここで「正しい生活」とは，時には失敗するこ

とも含めた人間性に富んだユーモアのある生活のことをさす。と同時に安らぎのある雰囲気が家庭内に満ちており，家族の人びとが互いに思いやりの気持ちをもって日々生活することである。

3　「家庭教育」の人間学的考察

（1）「私的領域」としての家庭

　ドイツの教育学者ボルノーによれば，私的領域内に留まるという体験は人間の人生にとって奪うことのできない前提であり，特に幼児教育という観点に立脚する場合，幼児の健全な発達はどうしても「家という保育室」なしには考えられないという。それゆえ，「私的生活」の象徴ともいうべき，幼児にとって必要不可欠な安らぎの感情を育む「家庭」という視点が重要な人間学的な考察対象となってくるのである。

　ペスタロッチは，彼の書簡のなかで，母親と幼児の交わりから醸し出される「信頼の最初の芽」がいかに幼児の後の発達に深い影響を及ぼすかを論じている。これとの関連で，ボルノーはそこに「私的領域」の象徴としての家庭の重要性を以下のように把握している。すなわち，母親はその子どもを気遣う愛情のなかで，信頼できるものや頼りになるもの，明るいものの空間をつくりだす。母親のいる空間へ引き入れられているものは，すべて意味をもち，いきいきとなり，親しみやすいものになるという。これは幼児期の生活が充実するためには，「私的領域」としての「家庭」においてのみ生ずる幼児と母親の信頼関係がいかに必要なものかを如実に示す具体例と言えよう。

（2）「信頼」を育む場としての家庭

　幼い子どもの時期に，ある特定の個人に対する限りない信頼に支えられた経験を持つ者は，その限界が知られるに至った後でも，特定の個人に限定されることのない生に対する一般的な信頼を獲得できるという。これとの関連でボルノーは次のことを指摘する。すなわち，ペスタロッチがシュタンツにおいて両親から見離され，ひねくれてしまった子どもたちを相手に仕事を始めたとき，なによりもまずペスタロッチが子どもたちの「信頼と愛着」を回復しようと努

力した。つまり，ペスタロッチの教育実践は，愛情に飢えていた幼児たちにとって一番必要とされる「信頼」を回復するための「家庭教育」の実践そのものであったのである。

　子どもが成長するにしたがって徐々に彼の「公的領域」が拡大し，脅威的なものが子どもの生に侵入し始める。しかし子どもはそのような場面に遭遇しても，「私的領域」という明澄で安らぎを覚える「家庭」のなかでのみ子どもたちは健全な生を営みうるという事実はいささかも揺らぐことはない。こうしてボルノーは，まだ無防備な幼児たちをすぐさま仮借なき外部世界へ引き渡すことをせずに，彼らがやがてさらに厳しい現実の抵抗に耐える力が備わるまでは，彼らの周囲に「秩序」と有意味な「私的領域」を創りだすことが私たち大人の重要な教育的課題となると考えた。それゆえに被包感（ひほうかん）の存する「家庭」は，子どもの生活圏が徐々に拡がろうとも，それ以後の子どもの発達全体にとって必要不可欠なものであり続ける。

4　信頼と安心感が充満している居場所としての家庭

（1）安心できる居場所としての家庭

　子どもにとって，家庭は一番安心して過ごせる場所であるべきである。何か危険が迫れば，未然に取り除いてくれたり，ケガ等をすればすぐに対処してくれる人が家庭には存在する。家庭は，よいことをすればほめてくれ，悪いことをすれば叱られるが，生活に必要な技術や考え方を教えてくれる場所でもある。3歳頃までの子どもはこうした「基礎的な生きる力」を家庭でじっくりと身に付けていくことが大切な課題となる。

　とくに幼い子どもは，不安や恐怖等の否定的な感情を自分でうまく支配することができない。だから養育者のところへ行き，しがみついたりして，不安な感情を伝えようとする。そのようなときに，養育者は，やさしく抱きかかえることで，幼い子どもの脳には，オキシトシン等の幸せホルモンが分泌され，安心感を取り戻すという。経験的に，身体接触と癒しが，子どもに深い安心感を与えることが把捉されている。ボルノーはそれを教育的雰囲気のなかで醸（かも）し出される「信頼関係」として強調している。また心理学的にも「アタッチメント

行為」として子どもに必要な教育的行為として認知されている。家庭はこうした数値化できない形で，子どもの身心の成長に関わることになる。家庭でも学校でも，養育者や教師が子どもを愛することから，子どもの成長が始まる。相手を無条件に信ずること，子どもの選択行為を温かく見守ること，夢を持つことを励ます等，様々な形で関わることが重要である（汐見，2020：23-24）。

（2）子どもを取り巻く環境ややすらぎの重要性

　遠藤克弥はボルノーの『教育を支えるもの』を援用しつつ，子どもを取り巻く環境ややすらぎについて，次のように論じている。子どもにとって，一番重要なのは，子どもを保護する家庭環境であり，そのような家庭内には，信頼と安心感が充満している。子どもが抱く「信頼の感情」は不可欠な大前提である。ここにこそ真の家庭教育の神髄（しんずい）が存在する。自分は信頼されていると子どもが感じるときにのみ，子どもは正しい発達を遂げるのである（遠藤，1994：84）。

　子どもにとって，特に母親から与えられる保護と愛に包まれる信頼によって生ずる被包感は，とりわけ重要なものとなる。幼児にとって母親が好きなものは良いものであり，母親が閉め出すものは悪いものなのである（遠藤，1994：85）。また修理等でものを直す父親に対して，幼児は，父親の行動力を見て，「なんでも治せる」という全能な父親への信頼を見出す場合がある。こうして幼児が両親に対して抱く被包感は，子どもの健全な発達を支えるものとなり，教育を成功させるための大前提となる。幼児が成長し，やがて父親が全能でないことが理解できるようになったときでさえ，父親は努力することは重要である。なぜなら，父親は全能ではないが，一つの仕事に打ち込んでいる姿を子どもが見て，さらに父親を信頼するようになるからである（遠藤，1994：86）。

（3）被包感という雰囲気の重要性

　子どもが成長して，やがて青少年期になると，幼児期と比較して，より外界との交わりが拡大していく。その分，子どもたちは，幼児期以上に威嚇（いかく）や危険に晒されることになる。そうしたときに，そこに帰れば「やすらぎ」を感じられる「家屋」をもっていることが重要になる。「やすらぎ」を感じられる家庭を作ることは，家庭教育の基本となる。「家庭」のなかに親子の信頼関係が確

立されて，初めて被包感という雰囲気が醸し出されるのである。これこそが子どもの健全な発達に必要不可欠なものとなる（遠藤，1994：86-87）。

5　地域における教育

（1）親以上に重要な第三者の教育力
　かつて日本人の親は，伝統的に我が子に対して，厳しいしつけを回避して，第三者に委ねることが多かった。その第三者とは，軍隊，子ども組，若者組等であり，子どもたちは親よりもむしろ他人のなかで鍛えられることのほうが多かった。たとえば，子ども組とは，地域を基盤とした子どもたちによる異年齢集団である。そこでは，遊びだけでなく，年中行事への参加や手伝い等を通して，年長の子どもが年下の子どもを教え，時には叱ったりほめたりして，結果的に良い教育が展開されていた。こうした組織のなかで，子どもたちは善悪や正義等を学んでいったのである（佐藤，1994：232-233）。

（2）高度成長下の都市化と過疎化
　1950年代後半から始まった日本の高度経済成長によって，都市開発が進むようになると，地方から多くの人々が都市部へ流入し始めた。その結果，都市への人口集中と地方の過疎化が同時に生じることになった。「都市化」するに伴い，住民同士は連帯感が希薄になり，相互に無関心となる傾向が強まってくる。その結果，伝統的な共同体で営まれていた意図的・無意図的な教育も低下し始めた。さらに教師たちは地代の高い都市部から周辺地域に移住するようになり，職住分離も進んで，教師と「地域」との関係も希薄化するようになった。他方で，過疎化した地方では，都市への出稼ぎ等で壮年人口が減少した。加えて，若者たちは就職や進学等で都市部へ流入した結果，地域共同体の生活基盤が脆弱なものになってしまった。そのために，地方の子どもたちは，年上の若者や壮年の大人からの教育的影響を受ける機会が激減してしまった。同時に，高度成長期の1958年には学習指導要領が「法的な拘束力」を持つようになったことが原因で，「地域性」よりも全国に通じる画一性が求められるようになり，受験に焦点化された知育が異常に価値あるもののように変貌し始めることになる

（佐藤，1994：234-235）。

（3）地域教育力の向上の必要性

　1990（平成2）年以降になると，学校・家庭・地域社会の連携が強化されるようになり，地域の教育力低下を改善するような動きが出てくる。高度成長期以降，地域や地縁的な結びつきが弱くなっていたために，「第四の領域」の育成が叫ばれるようになった。これはたとえば広域的なスポーツ活動，ボランティア活動，民間事業所が行う体験学習プログラム等のことである。これは同じ目的や興味に応じて，大人たちを結合させ，そのなかで子どもを育てる，従来の学校・家庭・地域社会とは異なる領域のことである。最近では「オヤジの会」等が各地で結成され，父親が他人の子どもに教育的に関わる運動も見受けられるようになった（佐藤，1994：235）。

（4）家庭と学校の連携

　「子ども人質論」ということが言われて久しい。これは「子どもを学校に人質にとられているので学校や教師に相談しにくい」という家庭の側から見た学校批判である。かつて学校は地域や家庭に対して壁を作り，閉鎖的な傾向にあった。そのために学校開放や開かれた学校の要請が出てきているのである。また近年の家庭は，本来家庭で行うべき子どもの教育でさえ，すべて学校に押し付ける傾向がある。こうしたことを改善しつつ，学校と家庭が相互の閉鎖性を除去して，子どもの健全な成長を育む居場所とするべきであろう（山﨑，1999：59）。

6　端緒としての家庭教育

（1）豊かな感情の形成

　ごく幼い時期に築かれる豊かな感情の基礎は教え込まれるものではなく，家庭生活において，家族との相互作用を通じて自然に形成されてゆくものである。子どもは豊かな感情を形成するために，自己と世界への「信頼」を構築しなければならない。たとえば，授乳やおむつの取り替えなど，母親から優しく受容

されていると，子どもに「安らぎと信頼の感情」が芽生えてくる。

　アメリカの心理学者エリクソン（E. H. Erikson）は，家庭などでの受容を「基本的信頼」（basic trust）という言葉で表現して，子どもの生と発達の大前提として位置づけた。なぜなら，この自己と世界に対する「基本的信頼」が獲得されて初めて子どもは積極的に活動し，力強く能力を発揮させることができるからである。エリクソンのいう基本的信頼を獲得し基本的不信を克服することこそが乳児期の課題である。

　3歳頃までに子どもは人生最初の危機を迎える。離乳や排泄の訓練を契機として，これまでの「母子一体」の関わりから「母子分離」へと進んでゆくことが求められてくる。ここから子どもは母親依存の在り方を脱し，自律の一歩を踏み出すことになる。この危機的過程を通じて，子どもは苦痛・不安・恐れ・怒りなどの感情を獲得し，それと同時に自律感・達成感を得て，羞恥感と闘うことが幼児期の課題となる。

　母子分離・自我分化によって，子どもは母親と異なる「自己」を意識し，「他人」としての母親との社会関係を形成するようになる。ここから，母に対する「感謝」の気持ちや「従順」の心も芽生え始める。それと同時に一方的に愛されるだけでなく，母親を喜ばそうとか助けてあげたいという能動的な感情も発達してくる。

（2）家庭におけるしつけ

　「家庭」は人間にとって休息できる場であり，子どもが日常的な生活習慣の様式を身につける場でもある。「しつけ」とは社会が子どもたちに必要としている生活習慣を身につけることである。しつけは基本的習慣に始まり，健康・安全・服装・言語・礼儀作法・金銭の使用・時間尊重・異性との交際といった日常生活上の行動様式から，やる気，合理的態度，勤労精神，信仰心などの性格の形成の内容をも含むものである。

　また「道徳」とは本来，社会が規定し承認している行為の基準に他ならない。たとえば知っている者同士が道で会うとき，なんらかのあいさつをするということは，社会的行動の基準であり，人間の道徳である。ある民族は「ハーイ！」と呼びかけあい，別の国では舌をペロリと出しあってあいさつをかわす

という。日本では会釈をして意思の疎通をはかるが，いずれにせよ，知らぬ顔で行き過ぎる民族はどこにもいない。このような行動様式は，昼夜を通じて生活の場となる家庭で培われてくるものであり，また所属する国の文化事情に即して，しつけや道徳は身につくものなのである。

日常生活には習慣的な行動が多い。たとえば日本では会釈をしてあいさつするが，西欧では抱き合ってあいさつをするのはなぜかと問われても，合理的な説明は容易にできるものではない。こうした民族の習慣は，長い歴史の機能性のもとに形成されてきたものであり，行動を中心とした外面的道徳は型付けから始まり，その同一行動の反復によって身につけるのが普通である。

家庭の教育機能や親の教育力の低下が厳しく指摘される今日，しつけと道徳をどのように展開してゆけばよいのだろうか。家庭におけるしつけや道徳教育は，親子の日常生活のなかで愛情と信頼を通じてなされるのが理想である。昔から子どもは「親のうしろ姿を見て育つ」といわれているように，親の日常生活での行動や態度が，子どもの成長に大きな影響を与えることはまぎれもない事実である。

7　現代の家庭教育の課題

（1）家庭教育と家族の変容

家庭教育とは，親や養育者から子どもに対してなされる意図的・無意図的働きかけのことである。こうした働きかけを通じて，子どもは，言葉や感情等，基本的生活習慣を身につけていく。教育社会学者のハヴィガーストは，人間が各発達段階で達成するべき課題を「発達課題」と呼称した。誕生から6歳頃までを「幼児期」とする。そこでは，歩行や食事，話すこと，排泄，善悪の区別等が課題となる。6歳から12歳の「児童期」では，遊戯をすること，仲間を作ること，男女の社会的役割，道徳性等が求められる。12歳から18歳の「青年期」では，男女の正しい交際，親からの心理的独立，市民的態度等が求められる（田中，2018：11-12）。

（2）家族の小規模化

　高度経済成長期の1960年代に入ると，多くの若者が都市部へ流入して，そこで出会った者同士が結婚し，両親と子ども２～３人という核家族のモデルが定着していく。高度経済成長期では，夫が外で働き，妻は家で育児と家事をするという性別役割分業ができあがった。しかしこうした相互補完的家族は，夫婦のどちらかが病気や離婚，死別等で，ひとり親になると，経済的に困窮する問題が包含される。

　1955（昭和30）年の日本の一世帯当たりに人員は５人であった。それが1975（昭和50）年には3.5人へと減少し，2021（令和３）年では2.27人とさらに少なくなってきた（田中，2018：14-15）。

（3）晩婚化・晩産化

　女性の高学歴化と社会進出が進むにつれて，平均初婚年齢と平均出産年齢は当然のことながら上昇する。1950（昭和25）年の女性の平均初婚年齢は23歳，男性は25.9歳だった。1980（昭和55）年では，女性25.2歳，男性27.8歳。2016（平成28）年では女性29.4歳，男性31.1歳。2021（令和３）年では女性29.6歳，男性31.2歳と上昇している（田中，2018：15）。

（4）育児文化の変化

　日本で1960年代までは，出産には儀礼的要素が残されていた。たとえば，全国的には「臍の緒」に関するものが存在する。子どもが生まれ出ると，母親と繋がれていた臍の緒は，切り離される。臍の緒が切り離されていないと出産の儀式が完了していないことを意味する。臍の緒は大事に保管されるのが一般的である。本人が大病をした際に，乾燥した臍の緒を湯にふかして飲ませることで生命が救済されると言い伝えられていた（田中，2018：20）。

　また日本では，「七歳までは神の子」という表現が残されている。子どもは，神様からの授かりものであり，親の所有ではないという意味である。七五三の祝いも，こうした「七歳までは神の子」という子ども観から来ているとも考えられる。しかし都市化が進み，近代家族での生活の変化によって，出産・育児文化のこうした儀式が次第に形骸化していった。親族や地域が，子どもを育て

る機会は減少し，特に母親のみに子育ての責任が集中するようになった。逆に言えば，地域や第三者が，子どもと関わり育てにくい時代になってきたのである。こうした都市化等には，家族の意識や機能も大きく影響を受けることになる。これまで親自身が子ども時代から習得してきた社会化が，親として自分の子どもにはもはや通用しなくなってきたのである（田中，2018：22）。

（5）家族の変容

　戦後の日本では，家族のあり方が大きく変容した。一言でいえば，伝統的家族が崩壊して，夫婦平等を原則とする近代家族が成立したということである。たとえば，産業化による職住分離（仕事と休息の分化）が進行したり，見合い結婚から恋愛結婚への配偶者選択の変化等があげられる。1980（昭和55）年代以降，家族の問題が公に取り上げられるようになり始めた。離婚，家庭内暴力，少年犯罪，虐待，育児不安，不登校等が，家族機能の低下を示す指標として使用されるようになる（田中，2018：226）。

（6）個人化と家族の危機

　田中は「個人化」（ベック）の概念を次のように説明している。1970（昭和45）年以降，日本において，様々な「中間集団」（家族，学校，企業，地域コミュニティ等）が解体され，個人による自己選択の比重が増してきた。ライフコースも非均一化し始め，失業や離婚等の人生上のリスクを個人が担う必要がでてきたという。こうした一連の個人による自己選択の比重が増加したことが「個人化」と定義されたのである（田中，2018：228）。

　日本では，高度成長期から「家族」が一番大切なものとして選択され始めた。現在でも一番大切なものとして「家族」が最も多く選ばれるが，これは「個人化」した社会で，中間集団への帰属が希薄化し，家族がアイデンティティの中核になっていることと深く関連する。かつての伝統社会は，個人の行動や職業選択等がかなり制約されていた。しかし現在では，監視的な地域社会から解放され，若者は職業選択，結婚選択の自由を獲得し始めた。だがそれと同時に，それらの選択の失敗もまた個人で背負い込むリスクが生じてきたのである（田中，2018：229）。

現代社会では，具体的に，児童虐待，アルコール依存症，引きこもり等は，社会システムのなかで対応すべき課題であると捉えるよりも，個々人の問題であると考えられ，個人の責任で治療・解決すべきだと考える傾向にある。こうした急激な社会変動に伴う「個人化」の流れもまた家族機能を変化させる大きな要因となる（田中，2018：231）。

（7）家庭教育をめぐる諸問題

　近年では，社会の教育力が弱まり，家庭の親が子どものしつけ等の責任を担うこととなってきた。しかし同時に，社会の変容に伴い，親は外部社会の情報を取り入れる必要が増してきた。子育てに関する情報もネットワークを通じて入手するなど，「他人指向型社会」へと急速に変化している。換言すれば，もはやだれも確信をもって自らの信念に沿った子育てをできない状況が出現したことになる。親が良いと信じる方法よりも，広く世間で受け入れられている家庭教育の方法を，皆が手探りしながら実践しているのが実状である。こうした「寄る辺なき社会」の家庭教育の脆弱さに，子どもも薄々気づき始めており，まさに，大人も子どもも座標軸を喪失した社会で手探りの状態で生きているのが現実なのである（田中，2018：232-233）。

参考・引用文献
遠藤克弥（1994）『いま家庭教育を考える』川島書店。
萩原元昭（2014）安彦忠彦他編著『よくわかる教育学原論』ミネルヴァ書房。
佐藤晴雄（1994）「伝統的な共同体における教育」遠藤克弥『いま家庭教育を考える』
　　川島書店。
汐見稔幸・奈須正裕監修，木村元・汐見稔幸編著（2020）『教育原理』ミネルヴァ書
　　房。
田中理絵（2018）「現代の家庭教育の課題」『現代の家庭教育』放送大学教材，放送大
　　学教育振興会。
山﨑清男（1999）「家庭と人間形成」田原迫龍磨他企画監修，新谷恭明ほか編『人間
　　形成の基礎と展開』コレール社。

（広岡義之）

第11章

現代の教育の課題と希望

　本章では，現代の教育における課題と展望について，現状をどのように観るのか，教育の本質的な視点に立ち戻り考えてみたい。特に，教育という営みは，どのような経験がなされていくことなのだろうか。教育を支える精神に希望を見出し考えていただきたい。

　現代教育では，非認知能力，持続可能な開発のための教育（ESD），ICT教育，多様性，インクルーシブ，ジェンダー，自己肯定感など，子どもの育ちや環境，教育内容や方法に関する言葉が先行し，新たな教育を導入・展開することに目が行き急ぐ方向になりがちである。また，被措置児童等虐待の問題も見られる。本章ではそれらの現状を踏まえた上で，根底的に変わらない人間観や教育観を確かめながら，教育の希望を語り合っていただきたい。

1　多様な教育のあり方

（1）学校は色々な社会（インクルーシブ的な教育）

　現代社会においては，様々な変化の中で，多様性の時代の教育と言われる。先の章でも触れられているが，多様な家庭（ひとり親家庭，貧困家庭，外国籍の子ども，医療的ケア児，特別な支援を要する子どもなど），多様な文化，多様なジェンダーにより，子どもの生育背景や特性を大事にし理解することに努めている。そのため，多様な子どもに対して排除せず，すべてを包み込むような包括的（インクルーシブ的）な教育が求められている。

　ところが，現状では，家庭の事情や特性がある子だけを区別していないだろうか。区別した子を多様とみなし，それ以外の子を画一的に揃えようと方向づけしてはいないだろうか。どの子どもも多様で，日々の生活を通じた色々な背

景や特性を持っており，一人ひとりに色（思いや考えである価値観）がある。こ
れらを含めた多様な関わりそのものが教育の場であり，子どもが育つ社会であ
ることを，確かめておきたい。

（2）　多様性との出会い

　この世の中には，年齢，性別，国籍，職業，地域……というように自分と異
なる様々な人が存在する。私たち人間は，知らない事に不安を感じたり恐怖を
覚えたり，偏見をもったりするものである。しかし，幼い頃から様々な人や物，
出来事や事象……に触れ合うことで，子どもはそれぞれを「いいね」「大事だ
ね」というような感覚で向き合い，それぞれを受け入れ知る（尊重する）経験
を重ねていく。幼児期における経験をつなげて子どもを見てほしい。

　例えば，日常の生活や活動，授業の中では，子どもの意見が様々に出る場面
があるだろう。その子のその時の興味や個性，思いついたこと，考えたことを
自由に語れる雰囲気や環境を構成し，たとえ教師の意図とする応答ではなかっ
た場合でも，受け止めることはできるだろう。多様性が生かされた生活の雰囲
気を考えていくことは教師の課題である。授業で子どもが考える場面では，考
える手法をいくつか選択できるように提示することもあるだろう（例えば算数
の計算方法を自分の取り組みやすい計算方法で取り組めるよう選択肢を提示するなど）。
その他，ほっとできる空間で本を読んだり，自由に書いたり，描いたり，言葉
を綴ったり，喋ったりできる場所の設定も良いだろう。他の子と異なる自分を
表現することができる場を考えていくことで，どの子も生き生きとできる生か
された場になるのではなかろうか。

　また，同じ図工の時間の絵画などでは，2色の色水を混ざり合わせて描く子，
輪郭にこだわって描く子，一方で白い紙に色水がにじむ様子に夢中になる子
……など様々に，一人ひとりの心の動きを尊重しながら子どもたちの学びや生
活に展開させていくことができるだろう。

　時には，情緒や気持ちの不安定さから，難しい場合は，教師の傍にいるなど，
授業や活動への参加の仕方も色々あって良い。教育者は，子どもの色々な場面
での変化をも大事に受け止めることで，多様に教育が展開できる。

　このような子どもを受け止める視点で，色々な「個性」「その子らしさ」「そ

の子のこだわるところ」が生か
されることによって，子どもた
ちは，多様性と出会い，どの子
も「いいね」「大事だね」と受
け入れ合い，認め合い，成長を
支え合う子どもの社会が形成さ
れていくのではなかろうか。学
校は子どもたちの社会である。

**図11-1　タブレットで学習する子，ノートに
書き込む子など自分の学習方法で学
び合う**

出所：Livingston Union School District にて筆者撮影
2019年8月。

（3）　多様な家庭環境

　保護者に対しても同様である。
特に，現代社会において，性役
割に対する考え方は大きな変化を遂げている。1つには，女性の社会進出が促
進され，社会参画が目指されてきたことで，社会で活躍する女性が増えている
状況が挙げられる。実は，女性が家庭を守るという家庭像自体，明治時代以降
に都市部の新中間層（いわゆるサラリーマン家庭）の典型として描かれるように
なったものであり，近代の産物なのである。ところが，実際に授業教材を見て
いると，母親が家事を担当し，父親は家事をせずに外で働いているような家族
像を描いているものが見受けられる。日本に限らず海外では，女性が社会に出
ることができない，教育を受けることができない国もあり，そのような多様な
文化の中で生育されてきた家庭（保護者）のことも認識し，向き合わなければ
ならない現状である。

　また核家族世帯やひとり親家庭の増加も顕著に見られる傾向である。都市を
中心に，地域社会における人間関係の希薄化も続いている。特にひとり親家庭
は，母子家庭で119万世帯を超え，父子家庭も14万世帯を超えているという
（2021年厚生労働省調査による）。前回調査（2011年：母子家庭123万世帯，父子家庭18
万世帯）より減少したと言えるが，母子家庭は子ども以外の居住者の割合が父
子家庭よりも低く，こうした家庭に対しては行政による支援も広がっているも
のの，貧困問題とも絡む状況が多い。

　児童養護施設で暮らす18歳以下の子どもも全国で約3万人いる（2023年厚生

労働省児童養護施設入所児童等調査結果）。家庭問題は複雑かつ切実な問題であり，安易に授業内で家族の話をすることは難しくなりつつある。

　こうした繊細な話について，当然のことながら，子どもに無理強いするようなことはあってはならない。教師は受け持つ子どもの家庭状況を把握しておくことが大事であると同時に，温かく見守る姿勢を持ちたい。信頼関係や語り合える関係が作られていく中で，子どもが家庭のことを打ち明けるのなら受け止め，子どもたちが「話すのではなかった」と後悔しないような配慮をも意識しておきたい。

　また貧困問題において，経済的に不安定な家庭も多い。貧困率という言葉を聞いたことのある人は多いだろう。貧困率には絶対的貧困率と相対的貧困率の2種類がある。絶対的貧困率とは，日々の必要最低限の生活水準を維持するための食糧や生活必需品を購入できる所得水準に達していない絶対貧困者の占める割合のことで（世界銀行の定める貧困ラインは1日の所得が1.90米ドル），相対的貧困率とは，所得中央値の半分を下回っている割合のことを指している。日本は先進国の中でも相対的貧困率が高い。厚生労働省の2022（令和4）年度調査によれば，2021年度の日本の所得中央値は254万円なので，127万円（月収約10万円）以下の所得で生活している人が貧困ライン以下ということになる。そして，日本にはこのラインを下回る割合が15.4％も占めている。つまり，6，7人に1人は該当しているのである。相対的貧困が教育上特に問題なのは，子どもの生育環境として多くの困難苦難を与えることとなり，自分の存在を否定的に捉える要因にもなってしまうからである。学用品が揃えられない，学費が払えない，という理由から低学力や低学歴に甘んじることとなり，将来の生活にも安定を得られなくなる，という貧困の連鎖を生み出すことになる。

　こうした状況を少しでも改善しようと，各地の飲食店で「子ども食堂」という取り組みがなされたり，「子どもの貧困対策の推進に関する法律」が制定されたり（2014年1月17日施行，2023年4月1日改正），NPO法人の様々な活動（学習支援や物資支援など）も展開している。こうした貧困が偏見や差別の対象にならないように，教師は配慮しなければならない。

（4）多様な文化

　また，多様な文化，思想，宗教等を背景とする人同士の関わりも増えている。身近な生活を超えた世界規模で起こる紛争や競争，問題を受ける事態が起こっている。これらを踏まえ，新しい時代を生きる子どもたちには，想像力を豊かに発揮し，多様性に対する寛容性を持ち，予測していなかった状況等その時々に対応する力が必要である。特に多様な価値観を有する他者と心を通わす対話，共に認め合う協働，主体的に自ら考え判断し行動する力が求められる。このような力は，子ども社会における学びと生活を通じた道徳性の育ちに結びついていく。

　保護者に対しても同様に向き合いたい。学校行事等において，多様な価値観を有する保護者における交流（保護者会で外国籍の家庭での料理教室）や，他者と心を通わす対話（英会話教室），共に認め合う協働（保護者のそれぞれのよさを出し合える機会）など，保護者が主体的に参加できる機会と交流を検討することも求められる。

　実際にはどのような学校生活や保護者交流などが展開できるだろうか。社会とのつながり及び国際理解の意識について，幼児期からつながる子どもの成長する姿に基づいて検討してみよう。幼稚園教育要領の事項と生活・遊びを通じた学びを具体的事例から考えてみよう。

① 幼稚園教育要領「ねらいと内容・環境」にある「国旗に親しむ」への指摘

　幼稚園教育要領第2章ねらいと内容「環境」の内容⑿について指摘しておきたい。

　ねらいと内容，環境では，「⑿幼稚園内外の行事において国旗に親しむ」と示している。これは，明らかに幼稚園行事の際に国旗掲揚を行う指示である，と受け止められる。しかし，保育内容の取扱いの中では，次にあるように，多様な文化への視点を育むことをも述べている。

　　文化や伝統に親しむ際には，正月や節句など我が国の伝統的な行事，国家，唱歌，わらべうたや我が国の伝統的な遊びに親しんだり，異なる文化に触れる活動に親しんだりすることを通じて，社会とのつながりの意識や国際理解の意識の芽生えなどが養われるようにすること。

多様な文化に親しみ，異文化尊重の芽生えの育ちを重視することを示しているのであれば，「国旗」という表現については，万国旗^{ばんこくき}として受け止めた上で教育につなげていただきたい（本来ならば，幼稚園教育要領には「万国旗」と示すべきである）。

② 多様性を知る遊び：多文化理解と尊敬「ごっこ遊び」による学び

　次に，実際の幼児教育における多文化尊重について，具体的な遊びの展開事例から理解を深めてみよう。

　多文化尊重の芽生えは，遊びにおける学びで言えば，例えばごっこ遊びを通じた子どもの内側の声（思いや考え）が連続していく中で，様々な文化を味わい親しむから，認め合う，大事に思うことへとつながっていく。

　特に，象徴的遊びを通じて，その身になってみることから，多様な生活や文化，社会や心情などに出会い知る，つまり実感し学んでいるのである。

　このように多様性を知る幼児教育は，日々の遊び・活動の中で展開されている，もしくは，これからされていくと言えるだろう。例えば，園の周辺マップを作って，探検ごっこや解説ごっこ（お散歩も含む），日本や世界の行事（地域のお祭りなど）を知ること，海外の料理や言葉，行事を知る遊びなど，幼児教育では，遊びを通した多文化・ジェンダー理解と共生が期待される。

　実際の幼児教育における多文化尊重について，具体的な遊びの展開事例を紹介する。（筆者の実際の保育より）遊びの発展性を示したマインドマップで確かめてみよう。

　「ごっこ遊び」を計画し，実際になってみること，見立てたり，振り真似したり，成り切ったりする遊びを通じて，他国の楽しさ・面白さ・喜びを味わい多文化尊重の思いにつながっていく。図11-2の展開図でいえば，「色々な国ごっこ」が具体的な表現活動「色々な衣装ごっこ」となり，さらに「世界のファッションショー」へと，また「色々な国のお料理ごっこ」から「世界のデパ地下ごっこ」などへと発展する。ここでは，子どもが自ら，多様な文化を「面白い！」「素敵！」「なってみたい！」というように心の内側の声（思いや考え）が湧き出てくる。

　例示したような様々なごっこ遊びの展開は，異文化を尊重するだけに留まらず，集団生活に属する様々な子どもの理解につながり，子ども同士の認め合い

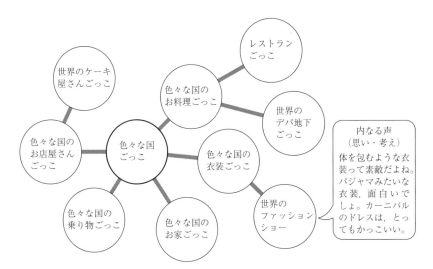

図11-2　「色々な国ごっこをしよう」マインドマップ（遊びの展開予想図）より
出所：筆者作成。

や尊敬し合う姿勢に結びついていくと考えられる。このように，教育の中で，一人ひとりの色々な個性（色）が生かされていく。幼児教育は色とりどりの創造であり，多様性が通底している。

　このように，多様な文化・生活に親しみ味わう遊びを通した「一人ひとり違うって面白い」「一人ひとり素晴らしい」「一人ひとり大事にしたい」と湧き上がってくる思いや願いが，多様性を自ら学ぶことにつながっていくのである。

　つまり，異文化等の多様性を肯定的に受け止める視点が，「持続可能な開発のための教育」ESD（Education for Sustainable Development）を展開させていくのではなかろうか。学校生活や保護者交流における多様性との出会いが，認め合い，尊重し合える学校と社会を築いていくのではなかろうか。

（5）多様なジェンダー

　性の多様化も，今後教育現場が直面していく大きな課題だろう。2015年4月に文部科学省は「性同一性障害や性的指向・性自認に係る，児童生徒に対するきめ細かな対応等の実施について」という通知を出し，翌2016年4月には教職員向けの文書も公表した。現在，文部科学省のホームページに公開されている

ので，ぜひ一度目を通していただきたい。

近年はLGBTQ，すなわちL（レズビアン：女性同性愛者），G（ゲイ：男性同性愛者），B（バイセクシャル：両性愛者），T（トランスジェンダー：生まれた時とは異なる性別を生きる／生きたい人），Q（クエスチョニング：流動的で自分でもわからない人）という性的指向を標榜する人も多い。文部科学省が発表した「学校における性同一性障害に係る対応に関する状況調査について」（2014年6月公表）によれば，学校で606件の性に関する相談があり，小学校低学年26件，同中学年27件，同高学年40件，中学校110件，高等学校403件という内訳だった。小学校の頃から悩んでいる子どもは確実にいるのである。こうした子どもの実態にも，教師は目を向けていかなければならない。

このような中，日本のジェンダーギャップ（男女格差）指数は146か国中116位（2022年）で，ジェンダー意識は低く，「男の子は青色」「女の子は赤色」，「お父さんは強く」「お母さんは優しい」というような歴史的な価値付けが継承されていると言える。しかし，日本国憲法においても差別は許されていないとされており，子どもの性差や個人差にも留意しつつ，性別などによる固定的な意識を植え付けることがないように努めていただきたい。子どもたちには，自分が生きている社会には，様々な人がいること，その文化を知ること，学校生活でこうした経験がされていくことは大切である。

2　教育の場の変動

（1）ICT教育

現代の教育では，ICT活用を通して，子どものより興味・関心を広げるツールとしてタブレットで調べたり，写真や画像を見たりすることができ，子ども自らが探求する喜びを味わうことは可能である。また，離れていても思いや考えを機器を通じて共有したり，映像を通じて様々な出来事を目と耳で感じながら自ら楽しみ学べる利点はある。取り扱いに留意さえすれば，アプリを使って，毎日の指導案や報告を瞬時に教員間で確認ができ，保護者への通知を文章ではなく，画像や映像を通じて具体的に学習場面を通信でき共有ができる。オンラインで教師と保護者，さらに地域（や海外の学校）とも繋がってタブレットを

使用した人との交流が素早くしかもわかりやすく伝え合うことが可能になっている。

　タブレット使用では，子どもたちが自ら調べたい・知りたいなどといった興味・関心を引き出し，しかもいち早く調べ学習へと取り組める点は，子どもの好奇心が生かされ充実した学びへ発展することができるであろう。

図11-3　次の活動について画面で情報を共有する

　しかし，これらの作業では，目と耳と指先での操作だけで，子どもの全感覚の育ちが閉ざされてしまう。子どもの本来の育つ力である感受性，吸収力を支える五感を刺激し，意欲的に動き出す出会いが失われないように，ICT活用では，使用の目的を明確にするべきであると言える。

図11-4　タブレットで自分の学びを他児に画面で即座に伝える場面

　教育は，本物の経験によって子どもたちの本当の成長が支えられていくのである。リアルな学びを促す活動，それが実際の教育者たちでできない場合は，地域の人々や機関・施設などを頼って良いのである。地域につながる子どもたちの学校と社会であることが大事である。

（2）学校種間の連携：小学校と幼稚園・保育所・認定こども園の接続

　さらに，小学校と幼児教育の接続についても，現行の学習指導要領において，「主体的・対話的で深い学びの実現を図り，一人一人の多様性に配慮した上で全ての子供に学びや生活の基盤を育むことを目指す」方向性とした「幼保小の架け橋プログラム」が打ち出されている。幼児期の子どもの主体性を尊重した

図11-5　アメリカの小学校・幼稚園：幼児と小学校の低学年の児童がともに過ごす教室

遊びを通した子どもの成長に小学校１年生の学びが継いでいくことが期待される。この架け橋プログラムでは，一方的に教師が教える教授法的なスタイルだけではなく，子どもの声を聞きながら進めていく方法や，子ども同士が協力して教え合ったりする方法など，また単元学習では単に教科書を読んでこなす形式ではなく，子どもの興味・関心を活かした，仲間と協力して探究していくような学びが望まれている。実際には，幼児教育の場のように環境を設定し，学校探検など，子どもの内側がワクワクして動き出すような学びの取り組みが始まりつつある。幼稚園の子どもたちが行き来できる（ぬいぐるみや絵本がある）教室など，これからの取り組みに期待したい。

　このように，小学校と幼稚園（・保育所・認定こども園）等学校間連携により，どの子も主体的・対話的に尊敬し合い，助け合ったり教え合ったりしながら協働的な学び合いが展開するようなつながり信頼し合える活動が，これからの持続可能な社会を支えていくであろう。多様性も含めて，学校と社会がつながる，子どもと社会がつながることが現代社会を支える SDGs 的であると言える。

（3）現状と課題
① 「こころ」と「からだ」で得られる学び

　現代の課題は，インターネット環境の発展によりバーチャルな経験が増えていること，直接経験が減ったことで，五感の育ちに関する点が挙げられる。SNS などを使った画面越しのつながりが唯一心を割って話せる場合もあるかもしれない。一方で，画面の中の関係も匿名（とくめい）の世界だったり，結局は良い面ばかりを見せて「いいね」をもらうことで優越感を覚えているだけかもしれない。人や物とのつながりを直接感じられることが，人としての成長を促すのである。この現状をどう思うか。

　また，自然との触れ合い（対話）がされているだろうか。都市化の進んだ環境では，自然の大きさ，人間の力の小ささと自然の迫力は見失われがちである。子どもには「センス・オブ・ワンダー」，つまり不思議を感じる感性が生まれつき備わっている，とレイチェル・カーソンは言う（カーソン，1996）。

　自然の力が失われ，マニュアル化，組織化されたような環境でレールの上にのって歩むような生活を強いられては，子どもの感受性や成長する意欲は育つとは言えない。

　また，すでに出来上がった（プログラム化された）レールの上を歩ませるような「教育」がまかり通り，子どもが自ら考え行動するような機会が減っていることも，大きな課題である。教育現場に「生き生きした」場面や環境を多く創り出すことが，生活の教育力「生きた知識」をもたらすことになる。

　「生きた知識」とは何だろうか。「生きている」ということは血が通っていることである。血が通った知識とは，人間の生に直結した知識ということと言える。人がそれを通して生を感じることのできる知識，人とのつながりを感じられる知識こそが，これからの教育に求められることではないか。あるいは，実感を通して得た知識と言い換えることもできるかもしれない。そうやって，人間の日常と関わる知識であれば，より実感を持って知識を受け入れることができる。このように獲得した知識は正に血が通った「生きた」知識となろう。普段の生活においても，自分が，どういう人とのつながりの中で生きているのか，何を食べて生きているのかなど，「生」に目を向けることが，自らの生き方に深みを与える。

　世の中，血の通わない知識に振り回されて，杓子定規に人を判断したり，言葉の意味を深く理解しようとしなかったりすることが多々ある。これは，定まった答えしか求めない試験偏重教育の弊害だろう。今またそのような画一的で形式的な教育を重視しようとする動きがある。しかし，本当の知識は，生活を豊かにするものであるはずだ。実感が伴う教育が，結果的には人を大切に扱うことにつながっていくのであろう。生身の人間を見つめて生きるかどうか，今問われている。

　演出家の竹内敏晴は，「『からだそだて』を全教科の基礎とし，かつ『からだ』を人格存在そのものととらえれば，教育全体の目標とも考えうる」（林・竹内，

2003：10）と述べている。従来の学校教育を根底から問い直した発想と言える。Education という言葉は「引き出す」（元々は，赤ちゃんを産み育てる「産育」とも言われている）という意味である。ところが，日本では明治時代にこの言葉が日本へ紹介されて「教育」と訳された時に，「上から教え諭す」という意味合いが強くなってしまった。だから，私たち大人は語源に立ち返って，子どもの「内なる声」が引き出される環境を整えて待つことが重要なのである。

　学んでいることが自分の生きている事実（存在）に直結し，自分の生き方に影響を及ぼすような学びは，その人にとって忘れがたいものになる。「こころ」と「からだ」で得た，それこそが，「生きた知識」となる。逆に学びの中に自分が存在しない，自分とは関係の見えないところで，学びが進行しているように見えると，学びがつまらなくなるものだ。何より，学びは楽しいものであることを伝えてほしい。やらされているのではなく，大人が学問の世界，探究すること，未知なる世界を知ることの楽しさを伝えられたら，学びは決して押しつけにならず，内側から動き出すものになるであろう。

②　自分の事が好きだろうか：自己肯定感

　この世の人々は，自分のことをどのように思っているだろうか。

　日本の子どもたちは自己肯定感が低いと言われる。自分の存在が認められる場所が少なく，かえって周囲の期待に応えることを求められることが多い。その時，子どもの本音は押しつぶされていく。学びにおける「当事者性」とは，自分自身の思いを語ったり，自分自身や生活を学びの内容と結びつけたりすることで，学びの主体者となることである。自分の内側からの感情や声を表に出すために，楽しい・面白いと感じられる学びや場面の創出が必要となる。そうしたみなぎるパワー・感情の表出こそ，「身体性」によって追究される。また，学び合う「関係性」も重視されよう。

　そうしたことで，「自分の回復」「自分への回帰」への道を見出すことが前に進む力となり，教育における希望へとつながるのではなかろうか。

　一方で，現実は多くの子どもがストレスと疲れを覚えている。子どもは，大人の期待や要求に素直に応えようとするもので，相手の要求に応えたいと思うのに，課題が難しくなるにつれ，期待に応えられない自分と直面していく。こういう葛藤を抱えた子どもは多い。自分を休める，静める，ぼーっとする，そ

のような息を抜いて，自分を上から俯瞰するような感覚で，自分の取り巻くことから離れて休み，回復させる空間，安心できる雰囲気が保たれているだろうか。

　日本社会，中でも教育現場では集団主義的傾向が強く，個性を発揮できる場よりは共同で行うことに重きを置く傾向がある。昼休みには全校でマラソン大会のための練習に励む，などというのはその一例だろう。休み時間なのだから，本来は思い思い自由に過ごして休憩する時間のはずなのに，現在の学校生活では休み時間までも子どもの行動は管理され始めている。一斉に同じことをしなければならない力が働きやすい。しかし，実は一緒に同じことをしているようでいて，実は深い関わりにはなっていないことも多いのが現実なのである。これでは自己の内面は育たないし，かえって自分をなくしてしまう恐れがある。自己という存在に固有性を見出せずに，周りの期待に応えられなかったことを自覚したら，自己肯定感が下がるのは当然の帰結だろう。

　ある日，ある公園で幼稚園児たちが徒競走の練習をしているのを見ていた，その場面のことである。30メートルほどの距離のゴール地点に1人の教師が立ち，ストップウォッチを持って「ヨーイドン！」と合図を出すと，2人の年長児と思われる男児は一斉に走り出し，1人の男児はゴールの先にある金網まで勢いよく走り抜けた。一方で，もう1人はゴールとともに勢いを弱めてしまった。目の前に金網があったからであろう。視覚の感覚でぶつからないように減速したようだった。その時ゴール地点にいた教師は，走りを弱めた男児に対して激しい口調で「金網まで走れって言ってるでしょ！」と叱責し，なんと二人とも再びスタート地点へ戻されてやり直しになったのである。その様子を他の園児たち（20名ほど）は，きちんと整列し座ったまま見ているのだった。2度目も結果は同じで，ゴール手前で減速した男児はまたもや叱責され，次の二人組に交代させられた。

　この教師の態度はどうだろうか。落ち着いて考えてみれば，危険を察知して金網の前で減速するのは，感覚をよく使った動きであって，当たり前のことではないだろうか。自然な行為である。教師の指示に従わなかったことで叱られるのは正しいことなのだろうか。教師は，男児の内面を感じなかったのだろうか。逆に，教師の指示に従わなかったことで，それを見ていた子どもたちは，

教師の言う通りにしようと体に染み込ませてしまったのではなかろうか。自分を大事にし，他者も大事にできる思いなど育つはずがない。自分を好きであろうか。大人の声かけが子どもをどう成長させるのか，その責任の重さを感じる。

③　管理とは何か：ゼロ・トレランス方針

「ゼロ・トレランス」という指導方針が文部科学省指導の下，学校教育へ導入されている。ゼロ・トレランスとは，「無寛容」という意味である。実際には広島県福山市で全国に先行して導入実行されていることは知られる。福山市教育委員会が2009年10月，市内公立学校長宛に「生徒指導資料の作成」を通知し，各校が「生徒指導規程」を作成，それに基づいて「毅然とした対応」で児童生徒の指導を行うことになった。

これはアメリカから輸入されたもので，レーガン政権時代以来アメリカ社会における薬物や暴力行為などに対する取り締まりを徹底させたことが発端とされている。教育現場には1994年に学校への銃器持ち込みを取り締まることから始まり，徐々に対象範囲や年齢を拡大していった。現在アメリカでは，毎年幼稚園児から高校3年生までで，厳格な規則の適応により，多くの子どもが停学処分を受けているという。しかし実際のところ違法行為はごく一部であり，そのほとんどは教師への暴言，喧嘩，遅刻，制服の乱れなどといった逸脱行為だった。このような規則の徹底と厳罰化は例外なく適用されるため，規則からはみ出る子どもは切り捨てられることになる。正に無寛容な対応ではなかろうか。

福山市でも，学校の安全維持を目的として，罰の適用範囲を拡大させて運用されているというから怖ろしい。市内中学校には，規程破りの生徒を隔離して反省を促す「別室」が設けられている。例えばある中学校では，生徒がいじめの加害者と誤解され，その生徒からの訴えは聞きいれられずに別室指導になった事例があった。また，ある中学校の生徒は窓ガラスを割ったことから別室指導となったのだが，割った理由の聴取はなく，ただ割ったという行為のみを問題として別室に送り込まれたのだった。いずれの生徒もその後不登校になったという。

甚だしい人権無視，ある特定の基準にそぐわない人間の排除の論理ではないか。外からの基準ばかりを押しつけ，当てはめてそれに従って思考し行動する子どもを育てている。このような現実が進行していることに，強い危機感を

覚えずにはいられない。

　深刻な問題に即座に対処することは重要だが，学校は警察ではない。子ども
の行動を取り締まることが学校の役割ではない。学校は教育する場である以上
は，子どもの成長を期待して，成長を促す機会を提供することが優先ではない
だろうか。結局，一律の行動様式しか認めない指導に個性の尊重はない。先に
紹介したように，処罰する上でその子どもの背景や内面の問題には一切考慮さ
れていないのも大問題である。

　厳罰を科すわけでなくとも，実際の学級では，多くの目標や標語が教室内に
掲げられている。最近私が実際に参観したある小学校では，「高学年としてた
のもしいお手本を見せる」「仲良く明るく助け合いどんなことでも全力でがん
ばる」という目標が堂々と掲げられていた。また，「勉強が楽しくなる」ため
に「進んで学ぶ」「目で，うなずいて聞く」「笑顔」「よい姿勢」などと細かい
指示が掲示されていた。目標を掲げることが悪いわけではないが，聞く姿勢，
発言する時のルール，高学年として求められる態度など，実に多くの決まり事
で子どもの学習活動は縛られている。これでは，外側で決めたルール，体制へ
の順応が先に要求されていくことになる。

　現にそのような指導をしてしまいがちな教師は少なくない。教科化された道
徳教育でも，こうした「ルール」を厳格に守る指導が強調される危険性が高い。
自ら考える道徳とは言っても，その判断基準が外から植え付けられたものであ
って，それに従って判断しているだけなら，主体的とは言えない。

　教師たちは，ルールに基づく「管理」をただの業務にしていないだろうか。
管理に心が存在するであろうか。「こころ」と「からだ」で向き合ってほしい。

　現在の保育所では，午睡の時間がある。その際に，睡眠状態を点検し記録す
ることが推進され，ほとんどの保育所では管理されている。その点検に保育者
たちの「こころ」が存在しているだろうか。「ああ，よかった，いい顔で寝て
いる」「あれ，ちょっと暑いのか，汗ばんでいる」といった保育者の心の動き
が，この点検作業に伴っているだろうか。管理することだけの機械的な業務に
なっていないだろうか。ほとんどの保育者は，「こころ」と「からだ」で日々
の保育を営んでいることだろう。学校の教師はどうだろうか。「こころ」と
「からだ」を使って子どもたちと関わっているだろうか。どのような些細な出

来事においても「こころ」を置いて，問いかけてみてほしい。そうすれば，ゼロ・トレランスの管理においても「こころ」が伴い，縛られる「管理」ではなく，生きた護られた「管理」に発展できるのではなかろうか。

　このような時代だからこそ，「こころ」の動き（内なる声）を大事にする教育が求められる。教育には自由が必要であり，自由の中に自分の考えや判断力が育つ。個々人の存在を尊重する，固有性を大切に扱うということでもある。自分のことが好きである子どもたちの成長を支える教師であってほしい。

3　これからは希望の教育

（1）教育の営みは希望である「子どもは天才」

　「子どもは生活から，自ら学ぶ力を持っている」

　子どもたちは生活から直観的に学んでいる。自分から学ぶ力を子どもは持っている。そして，子どもの世界にも秩序がある。漫画家のはらたいらは自伝『最後のガキ大将』のあとがきで，以下のように書き残している。

　　　子供は天才だから，大人に教えられなくても，社会の中で生きていくためには何が必要なのかくらい，遊びのなかで確実に身につけてしまう。
　　（中略）子供が限度をわきまえることを覚え，大人は子供の領分を犯さない。
　　そんな信頼関係の上で，悪童たちは自由闊達，自由奔放に遊びまわることができたのである。（中略）ところが最近は，みんなが学歴欲しさに受験に子供を向かわせる。不向きな子がいるのは当然なのに，大人がよってたかって子供たちをひとつの色に染めようとするから，無理がでる。子供らしさがなくなる。才能がダメになる。ろくなことがない。（はら，1986）

　子どもには子どもの世界があり，子ども同士の関わりの中で様々なことを学び取っていくものだ，という。詩人で画家でもある星野富弘も，「いたずらもよくしたけれど，誰かに教えられたわけではないが，限度はわきまえていた。なにをして遊ぶかはガキ大将が決めた」と言う（星野，2015）。ところが，現代の社会では，大人があれこれ先回りして子どもの成長にあれこれ口を出す。大

人の言いなりになるかと，子ども自身が自分で考えることを止めてしまい，本来の成長ができなくなる。これでよいのか。

　子どもたちは，天才で，「こころ」と「からだ」でわかっているのである。子どもたちは天才で希望である。

　教育者の金森俊朗は，自分の著書の1冊に『希望の教室』というタイトルを付けている。金森は直接「希望」とは何かを説明していないが，本文中に学力と「希望」ということばを結びつけて語っている箇所がある。

> 学力とは，自分と自分を取り巻く世界を読み解き，それを自分のことばで表現し，他者に伝え，交流し合う力だと私は考えている。（中略）それらは（知識の暗記や数の操作），自分の存在やこれから生きる社会や自然にどのような希望があるかを見出す力として発揮されなければならない。（金森，2005：166）

　子どもたち一人ひとりの生きる希望へと直結するような教育が目指されなければならないのではないだろうか。

（2）子どもに畏敬の念を持つ

　日本では，2023年4月より，こども家庭庁が発足し，「こどもまんなか社会」がスローガンとされた。「こども基本法」には「子どもの権利条約」（子どもの「生きる権利」「育つ権利」「守られる権利（差別の禁止等）」「参加する権利（自分の意見を言う権利等）」「表現することの自由の権利」「虐待や暴力から守られる権利」「障がいのある子どもの権利が守られる」「遊びが保障される権利」）が反映され，子どもを一人の人格として尊重することが，ようやく位置付けられたのである。また，被措置児童等虐待[*]の問題，虐待や不適切な教育（・保育）が社会問題になっているが，その背景には，子どもは未熟で無能な存在だから大人がコントロールしなければよりよく育たないというような見方があったのかもしれない。ただ，この問題を批判し続けるのではなくして，子どもを1人の人格として尊敬する教育という営みに立ち戻り，子どもをどのように見るのか，教育に希望を見出していただきたい。

＊被措置児童等虐待とは，里親や児童養護施設等に委託・入所する児童に対する虐待のことをいう。児童福祉法第33条の10を参照。

　本書第４章，第６章で触れているが，世界における幼稚園教育の先駆者である，フレーベルは「いざ，われわれの子どもたちに生きよう」というモットーをはじめ，子どもには「神的な諸特質」（フレーベル，1979：18）があり，子どもの存在を神的な本質に自らなる人格，個性として捉えている。特に「かれらがかれらの内面的ないきいきとした意識の糸をつうじてそれに統一，生命および意義を与え，かくてかれらがだんだん明瞭ないきいきとした自覚に達しうるために，われわれはかれらに，すくなくとも，かれらの内面的な精神的発達の外的事実を保存すべきではなかろうか」（同：28）と，フレーベルは，子どものなかに無限に祝福を発見する，探究的で検討的な子どもへの見方の重要性を主張したのである。つまり，「子どもに畏敬の念を持つ」という見方である。この「子どもに畏敬の念を持つ」見方は，教育・保育の先人である，ルソー，ペスタロッチ，またシュタイナー，さらにボルノー，モンテッソーリらの主張に共有されている教育における大事な考え方である。つまり，どのような人種であり，家庭であり，特性である子どもにおいても尊敬の眼差しを持って愛することが教育の営みであり，「畏敬の念」が基盤なのである。

　このように，子どもは，大人に護られる中で，自ら育つ力「希望」を持って成長する。家庭で園で地域で，子どもの人権が「畏敬の念」で大切にされる社会になることを希望し，教育が高められていくことに期待していきたい。

参考・引用文献
雨宮処凜（2017）『自己責任社会の歩き方』七つ森書館。
カーソン（1996）『センス・オブ・ワンダー』新潮社。
フレーベル（1964）荒井武訳『人間の教育（上）』岩波書店。
はらたいら（1986）『最後のガキ大将』フレーベル館
林竹二，竹内敏晴（2003）『からだ＝魂のドラマ』藤原書店。
広岡義之（2014）『教育の本質とは何か――先人に学ぶ「教えと学び」』ミネルヴァ書房。
広岡義之（2012）『ボルノー教育学入門――教育実践に役立つボルノー先生の教え』風間書房。

星野富弘（2015）『詩画とともに生きる』Gokken

金森俊朗（2005）『希望の教室』角川書店。

金森俊朗・辻直人（2017）『学び合う教室——金森学級と日本の世界教育遺産』KAD-
　OKAWA。

モンテッソーリ（1998）鼓常良訳『幼児の秘密』国土社。

大豆生田啓友・三谷大紀・佐伯絵美（2023）『子どもと社会』Gakken。

小見のぞみ（2023）『非暴力の教育　今こそ，キリスト教教育を！』日本キリスト教
　団出版局。

辻直人・熊田凡子（2018）『道徳教育の理論と指導法——幼児期から中学校期まで』
　ヴェリタス書房。

高垣忠一郎（2015）『生きづらい時代と自己肯定感——「自分が自分であって大丈夫」
　って？』新日本出版社。

横湯園子・世取山洋介・鈴木大裕編著（2017）『「ゼロトレランス」で学校はどうな
　る』花伝社。

（熊田凡子）

索　引

《監修者紹介》

広岡義之 _{ひろおかよしゆき} 神戸親和大学教育学部教授

《執筆者紹介》所属，執筆分担，執筆順，＊は編者

＊広岡義之 _{ひろおかよしゆき} 編著者紹介参照：第1章，第3章，第6章，第10章

熊田凡子 _{くまたなみこ} 編著者紹介参照：第2章，第4章，第6章，第11章

大迫章史 _{おおさこあきふみ} 東北学院大学地域総合学部教授：第5章

小澤由理 _{おざわゆり} 共立女子大学児童学科助教：第7章

津田　徹 _{つだとおる} 神戸芸術工科大学芸術工学教育センター教授：第8章

加藤惣一郎 _{かとうそういちろう} 神戸親和大学大学院：第9章

《編著者紹介》

広岡義之（ひろおか　よしゆき）

神戸親和大学教育学部教授。博士（教育学）。主著に『ボルノー教育学研究　増補版』上・下（風間書房，2018年／2019年），レーブレ『教育学の歴史』（共訳，青土社，2015年）など。

熊田凡子（くまた　なみこ）

関東学院大学教育学部准教授。博士（学術）。主著に『キリスト教保育日本におけるキリスト教保育思想の継承──立花富，南信子，女性宣教師の史料を巡って』（教文館，2022年），『探究──こどもコミュニケーション』（共著，北樹出版，2022年）など。

新しい教育原理［新版］

2024年5月20日　初版第1刷発行　　　　〈検印省略〉

定価はカバーに
表示しています

編著者	広岡　義之
	熊田　凡子
発行者	杉田　啓三
印刷者	中村　勝弘

発行所　株式会社　ミネルヴァ書房

607-8494　京都市山科区日ノ岡堤谷町1
電話代表（075）581-5191番
振替口座　01020-0-8076番

© 広岡・熊田ほか，2024　　中村印刷・吉田三誠堂製本

ISBN978-4-623-09737-1
Printed in Japan

新しい保育原理　　　　　　　　広岡義之　監修
　　　　　　　　　　　　　　　　熊田凡子　編著
　　　　　　　　　　　　　　　　Ａ５判二一二頁
　　　　　　　　　　　　　　　　本体二二〇〇円

はじめて学ぶ教育の制度と歴史　広岡義之　編著
　　　　　　　　　　　　　　　　津田徹
　　　　　　　　　　　　　　　　Ａ５判二四〇頁
　　　　　　　　　　　　　　　　本体二二〇〇円

絵で読む教育学入門　　　　　　広岡義之　著
　　　　　　　　　　　　　　　　北村信明　絵
　　　　　　　　　　　　　　　　Ａ５判一六〇頁
　　　　　　　　　　　　　　　　本体二三〇〇円

教職をめざす人のための教育用語・法規［改訂新版］　広岡義之　編
　　　　　　　　　　　　　　　　四六判三八四頁
　　　　　　　　　　　　　　　　本体二三〇〇円

―――――― ミネルヴァ書房 ――――――
https://www.minervashobo.co.jp/